L-ARCHITECTES

Der italienische Architekt und Architekturtheoretiker Aldo Rossi verglich die Architektur mit den Wissenschaften. Wie diese schreite die Architektur voran, indem sie stetig auf bereits Erreichtes aufbaue und sich so weiterentwickele. Diesem wissenschaftlichen Aspekt dient diese Buchreihe. Seit 2000 dokumentiert sie die aktuelle Schweizer Architektur. Die Reihe wird in ihrer Kontinuität gleichsam zu einem Gedächtnis der Architektur, das die Werke dem Vergessen entzieht. Von jedem der mit hohem Qualitätsanspruch ausgewählten Architekten und Architektenteams werden die wichtigsten Bauten festgehalten, ausführlich dargestellt und dokumentiert. Jeder Band dient auch der Reflexion über den architektonischen Willen, der hinter den Projekten steht. So sind in dieser Reihe mehr oder minder alle in der Schweiz wirkenden Architekturkritiker mit einzelnen oder mehreren Textbeiträgen vertreten.

Der Hauptteil in jedem Band widmet sich dagegen der Welt der Anschauung. So sind jeweils anhand von Bildern und Plänen einige bemerkenswerte Bauten dargestellt, die nicht einer routinierten «Produktion» entsprungen sind. Vielmehr steht hinter jedem Entwurf eine leidenschaftliche Auseinandersetzung mit der Aufgabe und deren Prämissen.

Heinz Wirz
Verleger

The Italian architect and architectural theoretician Aldo Rossi compared architecture to the sciences. Like them, architecture progresses by constantly building upon what has already been achieved and develops further in this way. Since 2000, this series of books has been dedicated to the same academic approach in documenting contemporary Swiss architecture. It therefore becomes a form of architectural memory, ensuring that the architecture is not forgotten. The most important buildings by each of the selected high-quality architects are presented, described in detail and documented. Each volume also serves to reflect upon the architectural motivation behind the projects. By now, more or less every architectural critic working in Switzerland has contributed one or more articles to the series.

However, the core of each book is dedicated to the world of observation. Images and plans present a number of remarkable buildings that are not the result of routine "production". Instead, each design stems from a passionate engagement with the task and its premises.

Heinz Wirz
Publisher

L-ARCHITECTES

QUART

EINE MENSCHLICHE UND ENGAGIERTE ARCHITEKTUR

Caroline Dionne

L-architectes praktizieren vor aller Augen eine Randarchitektur. Ihre Arbeit bringt eine – subtile und sensible – Form politischen und sozialen Aktivismus ins Spiel. Fern von grossen Gesten, offenen Bekundungen und Protesten geht es hier darum, sich Tag für Tag Dingen, Orten und Personen anzunehmen. Wenngleich diskret, ist diese Architekturpraxis dennoch engagiert und grosszügig: Bereits seit zwei Jahrzehnten – Umwege eingeschlossen, die eine tiefe Beherrschung des Metiers erlauben – konstruieren die Mitglieder dieses Kollektivs Orte zum Leben.

2003 von Jeanne Della Casa, Sylvie Pfaehler und Tanya Zein gegründet, wurden L-architectes damals – männlich und machohaft – als ein Büro von «Mädels» in der Schweizer Architekturlandschaft wahrgenommen.[1] Wie wir noch sehen werden, ist die Herangehensweise von L-architectes wesentlich mehr als nur weiblich und feministisch. Sie ist menschlich und fügt sich in eine von zahlreichen Kollektiven und dabei häufig von Frauen leidenschaftlich vertretene Bewegung ein, die in einer «Fürsorge»-Perspektive das Anliegen des anderen preist. Diese Herangehensweise zeigt sich ganz besonders bei den Projekten kollektiven Wohnens, welche die Architekten entwickeln und die ich hier kurz beschreiben werde.[2]

In einer Landschaft, in der die Liegenschaften in den Händen einiger weniger Besitzer sind und die von einem Gesetzeskontext gestützt wird, der den Mietern, die trotz allem die Mehrheit der Bewohner bilden, wenig Schutz bietet, heben sich die von L-architectes konzipierten Wohnanlagen ab. Die drei Beispiele, die ich hier vorstelle, haben mehrere Punkte gemeinsam: Es handelt sich um Wohnungsbauprojekte mit mehreren Gebäuden in kleinem Massstab, deren Aussenräume im Wesentlichen gemeinsam genutzt werden; die Rolle der Architekten bei dem Immobilienunternehmen ist vielschichtig (Werbung, Konzeption, Vermittlung); die konstruktive Methode wurzelt in einer Suche nach (zugleich ökologischer, wirtschaftlicher und humaner/sozialer) Nachhaltigkeit. Denn wer von Cohousing spricht, der spricht von Nähe unter Nachbarn, Betriebskostenteilung, reduzierten Baukosten und optimierter Nutzung von Bauland. Es sind viele Faktoren, die den Architekten erlauben, mehrere Immobiliengeschäfte unter einen Hut zu bringen, die den Zugang für jüngere und vor allem weniger vermögende Käufer erleichtern. Hat man einmal diese praktischen Überlegungen berücksichtigt, so ermöglicht das Cohousing für L-architectes zusätzlich die Einführung günstiger Konditionen für das «Zusammenleben» sowie eines wirklichen Gemeinschaftssinns durch die Architektur.

[1] Tanya Zein verlässt das Büro 2009, Michael Perret wird 2016 Partner.

[2] Dieser Text basiert auf zwei bereits erschienenen Artikeln: Caroline Dionne: Bien vivre ensemble. In: Tracés 134, Nr. 7 (2008), S. 7–14, und Caroline Dionne: Pièce urbaine au quartier de La Violette à Lausanne. In: Espaces Contemporains, Bd. 2 (2010), S. 156–160.

AN ARCHITECTURE OF SOCIAL ENGAGEMENT

Caroline Dionne

L-architectes openly practice an architecture of the margins. Their work involves a subtle and sensitive form of political and social activism. Far from grand gestures, demonstrations, or public protests, the aim is rather to tend to things, places and people on a daily basis. This way of doing architecture is discreet, yet socially engaged. It is also generous. For two decades now, their profound mastery of the architectural trade has allowed the members of this collective to steer unconventional projects and to build spaces for living.

When it was founded in 2003 by Jeanne Della Casa, Sylvie Pfaehler and Tanya Zein, L-architectes was perceived as a space for women within the male-dominated machismo of Swiss architecture.[1] As we will see, L-architectes' approach is much more than simply feminine and feminist. It is human. It is part of a movement, powered by numerous groups and often spurred on by women, that advocates concern for the other and a "duty of care". This approach is especially visible in the collective housing projects developed by L-architectes, which merit a brief description here.[2]

Against a landscape in which property ownership is concentrated in the hands of a few, backed up by a legal context that offers little protection to the majority of residents who are renters, the residential buildings produced by L-architectes stand apart. The three examples I discuss here have several elements in common. Firstly, they are small-scale, clustered housing projects with outdoor spaces that are mostly shared. Secondly, the architects have played multiple roles (promotion, design, mediation) throughout the process. Lastly, their approach to building is anchored in sustainability in every sense – environmental, financial, as well as human and social. Group housing generally means living closer to your neighbours. It can also mean shared expenses, lower building costs and smarter use of building land. All these factors give architects the power to lead the property development process in a way that helps younger (and, crucially, less wealthy) buyers to become owners. For L-architectes, once these "practical" considerations have been taken into account, group housing also lends itself to the creation of a supportive environment for harmonious, neighbourly living, or *vivre ensemble*: they consciously use architecture to foster a sense of community.

[1] Tanya Zein left the practice in 2009. Michael Perret became a partner in 2016.
[2] This text is based on two earlier French-language articles. See Caroline Dionne, "Bien vivre ensemble", *Tracés* 134, no. 07 (2008): p. 7–14; and Caroline Dionne, "Pièce urbaine au quartier de La Violette à Lausanne", *Espaces Contemporains*, vol. 2 (2010): p. 156–160.

Weiter unten im Westen des Viertels La Violette überragt das Grundstück, das von L-architectes zur Ansiedlung dieses mehrteiligen Wohnungsbauprojekts ausgewählt wurde, die weite Fläche des Palais de Beaulieu. Am Anfang dieses Ensembles mit 27 Eigentumswohnungen findet sich ein relativ typischer Kontext: Eine Lausanner Villa mit zwei Wohnungen am Nordrand der Parzelle öffnet sich zu einem imposanten Garten hin und profitiert so vom Licht und dem Blick auf den See und die Alpen. Der Auftrag ist ebenfalls alltäglich. Aus wirtschaftlichen Zwängen wollen die Eigentümer die Nutzung ihres Grundstücks verdichten. Sie erwägen von da an die Errichtung eines neuen Gebäudes inmitten des Gartens, um dort Wohnungen zum Verkauf anbieten zu können.

Wenngleich der Fall auch vertraut ist, so ist es der Vorschlag der Architekten doch weniger. Da sie eine rein spekulative Logik ablehnen, beginnen sie subtil zwischen Ökonomie und Ökologie, zwischen Familiengeschichte und städtischer Erneuerung zu verhandeln. So kommen sie zu dem Schluss, die bestehende Villa nicht zu verbergen und diese hinter einen riesigen Neubau zu verbannen, was aus rein wirtschaftlicher Sicht gewiss rentabler wäre, die jedoch nur einen Vorteil aus einem unverstellten Blick und den guten Lichtverhältnissen des Geländes ziehen würde. Es ging vielmehr darum, eine Form des Dialogs zwischen den Bewohnern zu entwickeln – zwischen dem alten Gebäude und einem Neubau. Die Villa wurde erhöht, um ihr eine gewisse Bedeutung, eine imposantere Präsenz auf dem Gelände zu verleihen. Ihre Ostseite wurde erweitert, damit man dort Küchen und Terrassen unterbringen konnte. Um eine gewisse Verwandtschaft zu suggerieren, wurden die Anbauten ebenso behandelt wie die Neubauten: Die Aussenverkleidung besteht aus vertikalen Lärchenholzplanken, die mit einer dunkelfarbigen Lasur imprägniert sind. Ein erster Baukörper entsteht im Jahr 2008 vor der Villa. Ende 2011 ergänzt ein zweites Mischgebäude das Ensemble. Die Errichtung eines dritten Baukörpers, dieses Mal mit Backsteinfassaden, wird im Jahr 2019 abgeschlossen.

Die drei neuen Gebäude wurden so kompakt wie möglich konzipiert. Direkt auf den Boden gestellt, präsentieren sie sich auf den ersten Blick als einheitliche Massen. Jeder Baukörper ist jedoch entsprechend einer unregelmässigen Geometrie angelegt: Die Trapezform des Grundrisses öffnet sich schrittweise zum See hin. Das kaum merkliche Spiel der Diagonalen dient zwei Zwecken: die Wirkung der Nordfassade des ersten Baus direkt gegenüber der Villa zu begrenzen, und wichtige Sichtachsen von den Hauptwohnräumen aus herzustellen. Mit Ausnahme der Südfassaden der beiden zur Seeseite hin gelegenen Gebäude, die leicht zurückspringen, um ausgedehnten Terrassen Platz zu machen, weisen die drei Neubauten auf allen Seiten eine ähnliche Beziehung zum Gelände auf. Sie kehren der Villa nicht den Rücken zu, sondern sind vielmehr wie Hinzufügungen aufgefasst, wie Pavillons, die den Besucher zu einem Rundgang einladen. Die regelmässige Volumetrie wird durch das Spiel der vorspringenden Betonplatten, die die einzelnen Etagen markieren, sowie durch die zickzackartig versetzte Anordnung der Fensteröffnungen, die als vertikale Spalte konzipiert sind und gemäss einer zufälligen Komposition zwischen die horizontalen Mauerwerkselemente eingefügt sind, geschickt unterbrochen. Das Spiel der Rollläden aus durchbrochenen Lärchenholzlatten vervollständigt das System. Letztere überlagern sich mit der Fassadenverkleidung und verstärken die poröse und leichte Wirkung. Das Spiel der Vorhänge, welche die Balkone des Backsteingebäudes zieren, verleiht diesem einen häuslichen, fast «heimeligen» Charakter. Im Inneren der kompakten

Wohnanlage La Violette, Lausanne
La Violette housing estate, Lausanne

An urban "room" at La Violette

Situated below and to the west of Lausanne's La Violette district, the site chosen by L-architectes for this housing project overlooks the vast Palais de Beaulieu. The existing building that gave way to a complex of 27 commonhold apartments is relatively typical for the setting: a Lausanne villa on the northern edge of the plot, consisting of two apartments that open onto an imposing garden, with the unique quality of light that comes with views of the lake and the Alps. The brief was also rather routine: financial imperatives had incentivised the owners to increase density on the site. The owners had in mind a new residential block surrounded by a garden, with flats intended for sale.

To this familiar scenario, the architects brought a less than orthodox response. They began by rejecting a purely speculative view of property, in favour of a subtle negotiation between economics and ecology, between family histories and urban renewal. In this light, it became important not to obstruct the villa's access to light and views by placing an imposing new block in front it, even if this would be profitable in purely financial terms. Instead, the challenge would be to initiate a kind of dialogue between the occupants and between the old and new buildings. The villa was raised by a storey to increase its stature and create a more impressive presence on site. Kitchens and patios were added to its east wing. In order to suggest a certain kinship, the additions have the same finishes and materials as the new building, such as exterior cladding of vertical larch weatherboarding impregnated with a dark glaze. The first building was placed in front of the villa in 2008. In late 2011, a second mixed building was added. A brick-clad third building was completed in 2019.

The three new structures have been designed to be as compact as possible. From ground level and at first sight, they look like uniform masses. Yet the placement and orientation of each volume in fact follows an irregular geometry; the plan is a trapezoid that opens towards the lake. The barely perceptible interplay of diagonals serves two purposes. It limits the impact of the north façade of the first building, directly opposite the villa. It also creates key lines of sight from the main living spaces. Apart from the southern façades of the two lakeside buildings, which are set back slightly to make way for generous terraces, the three buildings present a similar relationship with the site from every approach. Instead of turning their backs on the villa, they look like additions to it: pavilions that invite visitors to take a walk around the ensemble. The regularity of the volume is skilfully broken by the projecting concrete slabs that mark each floor and by the staggered arrangement of the openings, which are rendered as vertical slits placed at random among the horizontal masonry elements. Sliding screens with openwork larch slats complete the effect. The addition of these screens onto the cladding heightens the porosity and lightness of the façade. The curtains that frame the balconies of the brick-clad volume lend it a domestic cosiness. Within these compact forms, the architects proceeded to optimise the use of space. Here, the diagonals continue; the various components unfold and interlock around solid core elements that conceal bathrooms and circulation. The shared living spaces, the kitchen and living room have pride of place, opening graciously towards the garden.

Baukörper geht es danach um die Maximierung der Raumnutzung. Das Spiel der Diagonalen wird fortgeführt: Die verschiedenen Räume verteilen sich und gruppieren sich um einen festen Kern herum, in dem sich Bäder und Strom- und Wasserkreisläufe verbergen. Der schönste Platz wurde den Räumen des Gemeinschaftslebens – Küche und Wohnraum – zugewiesen, die sich grosszügig zum Garten hin öffnen.

Über die Finesse der Ansiedlung und die angemessene zurückhaltende Behandlung hinaus schöpft dieser Entwurf Kraft aus seinem Verhältnis zum Grundstück. Der Typus kollektiven Wohnens, den L-architectes vorschlagen, impliziert eine neue Art, die Grenzen der Privatwohnung zu verstehen. Die Nutzung des Geländes ist so mit einer Dynamik des Öffnens und Teilens konzipiert, wo die Grenzen zwischen Nachbarn tagtäglich eher verhandelt als markiert werden. Schluss mit Privatgärten, Sichtschutz oder Thujahecken: Das Grundstück bleibt ohne Unterschied für all seine Bewohner offen. Schluss auch mit den üblichen Erdaufschüttungen, Wällen und gewaltigen Stützmauern: Die Unregelmässigkeiten des natürlichen Terrains und die bestehende Vegetation werden beibehalten. Am Kreuzungspunkt der vier Gebäude wurden gemeinsame Aussenbereiche angelegt, zur Aneignung angeboten und geeignet für den Austausch unter Nachbarn – Eigentümern und Mietern –, was dem Grundstück eine städtische Dynamik von erstaunlichem Reichtum verleiht. Im Rahmen der Errichtung des letzten Baus hielten die Architekten im Erdgeschoss einen Gemeinschaftsraum zur Einrichtung einer Mediathek frei. Über die Grundstücksgrenzen hinaus fasst der Entwurf den Begriff des Zusammenlebens noch weiter und bietet einen Ort, wo nicht nur die Bewohner der Anlage, sondern des ganzen Viertels, im städtischen Kontext Erfahrungen machen und teilen können. Mit Ökonomie und Finesse gelingt es den Architekten so, die Anonymität des traditionellen Apartmenthauses zu durchbrechen: Dieses beispielhafte Projekt gehört zu der im Gang befindlichen Reflexion, die auf eine Neukonzeption des städtischen Wohnens abzielt.

Wohnen in einem Obstgarten in Prilly

Das zweite Beispiel befindet sich in Prilly. Das von den Architekten ausgesuchte Grundstück gehört zu einem bereits existierenden Block mit Wohnhäusern von alltäglichem Erscheinungsbild, der von kleinen, für eine Klientel aus der Arbeiterklasse oder aus der unteren Mittelschicht bestimmten Einfamilienhäusern vom Beginn des letzten Jahrhunderts gesäumt wird. Das Herzstück der Parzelle verbirgt eine ganz andere Atmosphäre. In einem begrünten Umfeld, das einen freien Blick auf die Alpen und den Genfer See bietet, stellen einige neu errichtete Villen die ersten Meilensteine einer aktuell laufenden städtebaulichen Verdichtung dar. Diese Neubauten grenzen an alte Gemüsegärten an, die mit ihren traditionellen Hütten ausgestattet sind. Die Vegetation ist hier reif und üppig.

Der von L-architectes ausgeführte Entwurf nimmt eine langgestreckte Parzelle ein, auf der zur Strasse hin ein um 1910 errichtetes Haus steht. Dieses wurde danach in ein Apartmenthaus umgewandelt und bedurfte grundlegender Renovierungsarbeiten. Am Ende der Parzelle befindet sich ein majestätischer Obstgarten, der von den benachbarten Gärten gesäumt wird. Eine zu dem Bau gehörige Grünfläche bildet das Herzstück des Geländes. Die Architekten haben sich dem Projekt mit einer kritischen Perspektive genähert: Die Aufteilung der Parzelle zur Errichtung schlichter Einfamilienhäuser mit privatem Garten und einer gepflasterten Zufahrt für Autos kam nicht infrage. Die einzig sinnvolle Lösung war eine wirkliche Verdichtung, die das Grundstück auf andere Weise nutzte.

Wohnanlage, Prilly
Housing estate, Prilly

Beyond the delicacy of execution and the careful consideration evident in the restrained surface treatments, this project draws its power from its relationship with the site. The type of collective housing proposed by L-architectes implies a new way of conceiving the limits of the private home. The way in which the site is used reveals a logic of openness and sharing, where the limits between neighbours are more often a matter of negotiation than delineation. No more private gardens, visual screening or cedar hedges: the site remains open to all its inhabitants without distinction. The usual backfill, embankments and imposing retaining walls are also gone; the quirks of the terrain and existing vegetation have been preserved. Where the four buildings meet, shared outdoor spaces have been created and handed over to the residents (whether owner or tenant) to make their own. This process sparks social interaction, bringing a surprisingly rich urban dynamic to the site as a whole. During construction of the last building, the architects will reserve a ground-floor common area for a new media library. The project thereby transcends property lines to project its notion of neighbourly living further afield. It offers a place to learn and share knowledge not only with site residents, but with the surrounding neighbourhood and urban context. With a light and sparing touch, the architects have succeeded in disrupting the anonymity of traditional apartment blocks dispersed across open space. This exemplary project represents a major step in their efforts to rethink what urban housing can be.

Living in an orchard in Prilly

The second case study takes us to Prilly, in the Swiss canton of Vaud. The site chosen by the architects is part of an ordinary-looking existing residential block bordered by small, early 20th-century detached houses built for working-class or lower middle-class occupants. In the courtyard, however, one finds a completely different atmosphere. In a verdant setting with clear views of the Alps and Lake Geneva, a few newly completed villas show that densification is underway. These new buildings border old allotment gardens with their traditional sheds; the vegetation here is well-established and thriving.

The project sits on a narrow plot, with a house completed around 1910 towards the street edge. The house was later converted into an apartment building, requiring major renovation. At the far end of the site lies a mature orchard bordered by gardens on neighbouring parcels of land. An expanse of green space formed by the building constitutes the heart of the site. The architects took a critical approach to this aspect of the project. Simply carving up the green space for single-family detached homes, each with a private garden and hard surfacing for car access, was out of the question. To make something meaningful of this project, they needed to achieve a real increase in density by configuring the site in a new and different way.

In a setting that combines a patchwork of urban elements with a rural character, the architects conceived two timber volumes set into the ground, like garden pavilions. Each two-storey volume with an attic has three commonhold apartments [*propriété par étages*]. Three other owners live in the fully renovated existing building. At the rear, signs of this transformation in the existing building can be seen in a series of new patios protected by

In diesem zugleich uneinheitlichen und ländlichen Rahmen planten sie zwei Baukörper aus Holz, die genau wie Gartenpavillons direkt auf den natürlichen Grund gestellt wurden. Jeder Bau mit zwei Geschossen und ausgebautem Dachgeschoss verfügt über drei Eigentumswohnungen (PPE). Drei weitere Eigentümer bewohnen den vollständig renovierten Altbau. Sein Umbau wird auf der Rückfront durch den Anbau einer Reihe von Terrassen sichtbar, die von grossen Vorhängen geschützt sind. Gleich ob sich die Wohnungen in dem alten Gebäude oder in den neu errichteten Bauten befinden, weisen sie immer eine ausgeprägte Beziehung zu dem natürlichen Umfeld auf: direkter Zugang zum Garten vom Erdgeschoss aus, freie Sicht auf die Landschaft oder die benachbarten grossen Bäume von den oberen Etagen aus. Für die Neubauten wurde die Parzelle nicht nivelliert. Man vermied so die Schaffung von künstlichen Böschungen, dieses Niemandslandes, das durch die Erhöhung des Terrains entsteht, was allzu oft in Parzellen zahlreicher Vorstadterweiterungen zu finden ist. Das Gelände wird auch nicht von Thujahecken eingefasst oder gesäumt: Das Grundstück bleibt so für die Nachbarn offen, wobei die Grenzen anerkannt und respektiert und nicht etwa markiert werden. Das übliche Verhältnis zum eigenen Grund – mein Gras, meine Allee, mein Gehege, meine Mauer – hat hier keinen angestammten Platz.

Um das Gelände – vor allem den Obstgarten – in seiner Gesamtheit zu erhalten, wurden die neuen Baukörper bergwärts in unmittelbarer Nähe zueinander gestellt, so dass sie eine leichte Diagonale zu dem bestehenden Haus bilden. Die Zufahrt für Autos ist auf den ersten Teil des Grundstücks entlang der Strasse beschränkt. Ein breiter, kiesbedeckter Weg führt zu den Eingängen der «Pavillons». Dieser Weg nimmt ab, je mehr er in den Obstgarten dringt, und bildet am Ende eine kleine Lichtung aus. Die neuen Eigentümer teilen sich den Raum fair, sie haben alle Zugang zu diesem am Ende der Parzelle angelegten Gemeinschaftsgarten. Bei den Pavillons haben die Architekten die Mittel sparsam eingesetzt. Die aus vorgefertigten Holzelementen errichteten Baukörper weisen eine Verkleidung aus Lärchenholzplanken auf, die nach dem Zufallsprinzip vertikal angeordnet sind. Die Öffnungen sind grosszügig – mitunter absichtlich übertrieben –, um die Gebäude kleiner wirken zu lassen und ihnen vertrautere, familiärere Dimensionen zu verleihen. Man nimmt jedes Gebäude als einen schlichten Baukörper wahr, dessen Oberfläche bearbeitet wurde. Dieses Spiel erfolgt unter anderem durch verschiedene Positionierungen der Fenster im Verhältnis zur Achse der Fassade: Diejenigen der «Gemeinschaftsräume» in der planen Fläche (die grossen Glasfenster geben Einblick in die Treppenhäuser und lassen die Bewegungen der Bewohner erkennen), oder andere wiederum etwas zurücktretend, um die Intimität der Privaträume zu wahren. Die Behandlung der Loggien – Terrassen oder Balkone je nach Geschoss – verstärkt die Wirkung einer vollen Volumetrie, in der die Architekten die Räume ausgehöhlt, abgezweigt, eingerichtet haben. Dieser Effekt wird noch durch die Behandlung des Zinkdachs unterstützt, das aus asymmetrischen Teilen besteht, was auf eine leichte Drehung der Arretierungen zur Ausbildung eines unregelmässigen Vierecks zurückgeht. Bald glatt, bald durch ein Dachfenster unterbrochen, ist das Metalldach an den Rändern der Fassade verankert: Ohne Überstand verbirgt die Metallaufkantung die leicht zurückspringenden Regenrinnen.

wide screens. In the existing and new buildings alike, every apartment has a strong relationship with the outdoors, whether through direct ground-floor access to the garden, views onto the countryside, or the mature trees visible from upper storeys. These buildings sit on land that has not been levelled. This avoided the creation of artificial embankments, the earthen no-man's-lands that carve up so many suburban developments. The site is also free of fences or cedar hedging. Instead, it remains open to its neighbours and its unmarked boundaries are defined by recognition and respect. The usual demarcations that define *my* grass, *my* front path, *my* flowerbeds or *my* wall have no purchase here.

In order to preserve the integrity of the site, particularly its orchard, the new volumes are closely grouped towards the street edge, at a slight diagonal angle with the existing house. Car access is limited to the first portion of the site, along the street. A wide gravel path leads to the entrances of the "pavilions". This path thins as it enters the orchard, terminating in a small clearing. The nine co-owners take an equal share in the site, with common access to the garden at the end of the plot. For each pavilion, or freestanding residential building, the architects aimed for economy in their use of materials. Built from prefabricated timber components, the buildings are clad with larch weatherboarding applied in a random vertical arrangement. The openings are generous, sometimes deliberately exaggerated, which has the effect of making the volumes seem smaller than they are, and softens their bulk. Each building presents itself as a simple form that has been worked on. This outward impression depends, among other aspects, on variations in the positioning of the windows relative to the axis of the façade: flush with the façade for openings to shared spaces, where large bays reveal the stairwells and occupants moving along them; or recessed, for more seclusion in private spaces. The treatment of the loggias, which take the form of terraces or balconies depending on the level, deepens the impression of a solid form which the architects have cut into and added onto. This effect is sustained in the treatment of the zinc roof, consisting of asymmetric panels created by a slight rotation of the roof ridges to form an irregular polygon. Sometimes smooth, sometimes cut by a skylight, the metal roof is anchored to the edge of the façade. Instead of eaves, a metal parapet conceals slightly recessed gutters.

The typology of the apartments is a tour de force that succeeds in creating a five-room, three-bedroom apartment on a 95 m^2 surface, including generous living spaces (living room, kitchen and dining room). This was made possible through disciplined dimensioning in the sleeping areas, combined with skilful use of diagonal angles in the "daytime" spaces. Finally, the visual continuity of the horizontal surface treatments (floor and ceiling) and the ultra-fine glass walls of the loggia make this outdoor space a real extension of the living space.

Die Typologie der Wohnungen lässt den Kraftakt erkennen: Es ging hier darum, auf einer Fläche von 95 Quadratmetern Wohnungen mit fünf Zimmern (davon drei Schlafzimmer) unterzubringen und dabei dennoch grosszügige Wohnräume (Wohnzimmer, Küche und Esszimmer) zu schaffen. Das Ziel wurde durch eine zurückhaltende Dimensionierung der «Nachträume» und ein geschicktes Spiel mit Diagonalen zwischen den «Tagräumen» erreicht. Die durchgehende Behandlung der horizontalen Flächen (Boden, Decke) und die ganz dünnen Glaswände der Loggia erlaubten es schliesslich, aus diesem Aussenraum eine wirkliche Erweiterung des Lebensraumes zu machen.

Wohnanlage, Chavannes-près-Renens
Housing estate, Chavannes-près-Renens

Nachbarschaftliches Gegenüber in Chavannes

Das Grundstück in Chavannes weist ähnliche Eigenschaften auf. Statt einer neutralen Parzelle, die es zu bebauen gilt, entdeckt man hier auch einen vielschichtigen Ort mit seinem eigenen Charakter. Das oberhalb der Strasse liegende Gelände wird von einer alten Stützmauer aus Stein gesäumt, die zum Zweck des Projekts erhalten wurde. Hinter dieser Mauer rahmen grosse Bäume einen kleinen ansteigenden Zufahrtsweg. Weiter oben bietet das Grundstück einen besonders guten freien Blick auf die ferne Landschaft. Zwischen Kauf des Geländes und Fertigstellung des Projekts sind sieben Jahre vergangen. Eine Zeitspanne, die es L-architectes erlaubte, ihre Reflexion über den Entwurf reifen zu lassen, um am Ende zu einer klugen und richtigen Lösung zu gelangen. Auf dieser rechteckigen Parzelle oben auf dem Hügel haben die Architekten drei Baukörper errichtet, von denen jeder zwei Doppelhäuser umfasst, die sich auf zwei Ebenen plus Dachgeschoss erstrecken.

Die drei Gebäude wurden auch wie Volumina mit einer einfachen und regelmässigen Geometrie behandelt. Die Mauern sind aus tragenden Zellsteinen, die einfach mit einem von Hand aufgetragenen, dunkelbraunen Putz bedeckt sind. Die Fassaden mit ihren grossen Fenstern öffnen sich weit zu dem Grundstück. Die Architekten haben auch hier wieder von Dachüberständen abgesehen: Die Fassade ist vollständig der Witterung ausgesetzt, sie kehrt sich um und wird selbst zum Dach. Die ebenerdigen Wohnräume im Erdgeschoss stehen in direktem Kontakt mit dem Gelände. Hinter und zwischen den Baukörpern bildet das Terrain eine begrünte Fläche aus, die von den bestehenden Baumgruppen geschützt wird, wo jedes «Häuschen» eine privatere Gartenecke einrichten kann, die aber trotzdem innerhalb des Grundstücks und für seine Bewohner offen zugänglich ist.

Wie in La Violette und Prilly hat man das natürliche Terrain erhalten. Doch dieses Mal fügen sich die Neubauten zu beiden Seiten eines grossen Gemeinschaftsbereichs in der Mitte des Grundstücks ein. Dieser offene Platz, der allen Bewohnern zugänglich ist, erlaubt nicht nur die Zufahrt mit dem Auto zu einem gemeinsamen Parkbereich, sondern strebt auch danach, zu einem wirklichen Versammlungsplatz, einem Ort der Begegnung und des Austauschs unter Nachbarn zu werden. Als wahrhaftes Herzstück und Knotenpunkt des Entwurfs erinnert dieser zentrale mineralische Platz an einen kleinen Weiler. Er wird tagtäglich spontan von allen Bewohnern in Besitz genommen: Für Kinderspiele, Geburtstage, zum Apéro oder Grillen, der Ort lädt zum Feiern ein. Dieser freie, unverstellte Raum beherbergt drei Sekundärbauten aus Holz – Hütten oder kleine Garagen –, welche die Eingänge abgrenzen und beschützen und dabei eine diskrete nächtliche Beleuchtung durchdringen lassen.

In Chavannes, no fences make good neighbours

The features of the Chavannes site are similar to those above. Here too, we find a rich place with a particular character, rather than a blank slate. The property overlooks the street, and is bordered by an old stone retaining wall that the architects preserved for this project. Behind this wall, large trees frame an ascent by means of a small access path. Further up, the site offers exceptional, unobstructed views of the landscape. It took seven years to acquire the land and complete the project. This timeframe allowed L-architectes the luxury of letting their plans ripen slowly, culminating in a finely balanced outcome. On this rectangular parcel on the crest of a hill, the architects built three volumes, each consisting of two semi-detached houses of two storeys and an attic.

These three buildings were also conceived as simple, regular geometric forms. The walls are of load-bearing hollow bricks with a simple treatment of hand-trowelled dark brown roughcast. Large openings mean that the façades open generously onto the site. Here, the architects have once again done without eaves, allowing the weather-exposed façade to continue as roofing. The ground floor living spaces are flush with and open directly onto the outdoors. Behind and between the volumes, the perimeter of the site forms a leafy border protected by existing greenery, where each "maisonette" is free to create a little garden that offers more privacy while still being visible to the site and other residents.

As in La Violette and Prilly, the natural slope of the terrain has been retained. But this time, the built volumes flank a large common area in the middle of the site. This open space is accessible to all residents and in addition to providing car access to a common parking area, it is intended to become a real common where residents can meet, come together and interact. This common, with its paved surface, is evocative of a small village and serves as the heart and crossroads of the project. It is where residents will celebrate life events large and small, from children's games to birthdays, aperitifs and barbecues. The open, unobstructed space houses three secondary wooden structures – sheds and small garages – that delimit and protect the entrances, while allowing discreet night lighting to filter through.

Only the horizontal slant of the ridge of the two-sided roofs disrupts the geometric rigour of the whole. This results in a slight twisting of the parapet, as if, on each building, one side of the roof were about to rise up. Another effect of the variation in slope, which inverts itself from one end of the roof's long axis to the other, is that it allows runoff water to be collected on one side only, thus limiting the need for downspouts. This turning movement is repeated on all three buildings, further emphasising the centrality and significance of the commons.

Whether in Lausanne, Prilly or Chavannes, L-architectes invites the viewer on a short walk off the beaten track, offering a different way of life with rich experiences. This is initially down to economics. The architects also play the role of real estate developers, investing a portion of the funds required to ensure the project's viability. In cutting their profit margins in pursuit of a higher-quality end product (not only in terms of construction, but also and above all from a spatial and social point of view), L-architectes resists the conventions of a property market that is too often harsh and

Einzig das Spiel auf Ebene des Satteldachgiebels, der diagonal zur Längsachse verläuft, stört ein klein wenig die geometrische Strenge des Ensembles. Daraus resultiert ein leichter Dreheffekt der Dachaufkantung, so als wäre bei jedem Baukörper eine Seite des Daches im Begriff, sich zu heben. Ein weiterer Effekt: Die wechselnde Neigung, die sich von einem zum anderen Ende des Daches auf der Gebäudelangseite umkehrt und das Regenwasser nur auf einer Seite auffangen kann, wodurch die Regenrohre begrenzt werden. Diese Rotationsbewegung wiederholt sich bei den drei Gebäuden und markiert entsprechend deutlicher die Zentralität und die Bedeutung des Gemeinschaftsraumes.

Gleich ob in Lausanne, Prilly oder Chavannes, L-architectes leisten sich einen kleinen Streifzug ausserhalb der ausgetretenen Pfade und schlagen andere, erfahrungsreiche Wohnweisen vor. Zuallererst stellt sich die Frage der Wirtschaftlichkeit. Die Architekten übernehmen die Funktion von Bauträgern und investieren einen Teil der für die Realisierbarkeit des Unternehmens notwendigen Mittel. Indem sie ihre Gewinnspannen begrenzen, um der Qualität – nicht nur in baulicher, sondern auch und vor allem in räumlicher und sozialer Hinsicht – den Vorzug zu geben, brechen L-architectes mit den Regeln einer allzu oft rauen und unmenschlichen Immobilienpraxis. Danach stellt sich die Frage der Ökologie, die sich in der Sorge um die Wahl gesunder und nachhaltiger Materialien wie auch in den Konstruktionstechniken zeigt, mit denen sie experimentieren und bei denen sie häufig auch alte Kenntnisse sowie manuelle, weniger umweltschädliche Techniken ins Spiel bringen. Schliesslich und vor allem stellen sich die Fragen nach sozialem Zusammenhalt und Zugehörigkeit zur Gemeinschaft. Die menschlichen Aspekte von Architekturprojekten, die in dem Diskurs über Nachhaltigkeit allzu oft vernachlässigt werden, bleiben jedoch essentiell für den Entwurf einer Zukunftsvision für unsere Gesellschaften. Die Herangehensweise von L-architectes verdient also all unsere Aufmerksamkeit: Durch das Teilen und gemeinschaftliche Bereitstellen von Ressourcen, von Wissen sowie menschlichen und sozialen Fähigkeiten kann der Architekt seine Rolle als politischer Akteur erfüllen und so den Weg öffnen für Möglichkeiten in Bezug auf Gleichheit und soziale Gerechtigkeit.

lacking in humanity. Secondly, their approach is environmentally grounded. This is borne out in the attention given to specifying non-harmful, sustainable materials, as well as in the construction techniques they experiment with, which often employ traditional knowledge and less polluting manual techniques. Finally, and above all, there are questions of social cohesion and community belonging. Although they are too often overlooked in sustainability discourse, the human aspects of the architectural project remain essential to the development of a vision of our future societies. L-architectes' approach thus deserves our full attention, for it is only through sharing and pooling human and social resources, knowledge and skills that architects can take up their roles as political actors and create pathways towards more socially just and equitable possibilities.

WOHNANLAGE LA VIOLETTE, LAUSANNE

Zwölf Jahre lang ein echtes Bürolaboratorium, ist dort alles Forschung, Versuch und Beobachtung. Die Fragen der Stadt, der Besiedlungsdichte und der Qualität des Zusammenlebens wurden analysiert, indem man die Zahl der Wohnungen auf dem Gelände mit zehn multipliziert hat. Wir haben die Materialien, ihren Einsatz und ihre Beziehung zum Boden und zum Himmel geprüft. Wir haben Gemeinschaftsräume vorgeschlagen und dabei die schönsten Plätze zur gemeinschaftlichen Nutzung gesucht. Hinterfragt wurden auch die Grenzen, die Durchlässigkeit, die Nachbarschaft und die unerlässliche Privatsphäre. Last but not least, haben wir eine Bibliothek in Selbstverwaltung projektiert, welche die Verbindung zu dem Quartier im grossen Massstab herstellt.

Das Endergebnis: vier Gebäude mit einem gemeinsamen Garten. Die Ansiedlung der Bauten sucht nach dem richtigen Verhältnis, hier durch Öffnung der Perspektiven, dort durch Aufwertung der sich kreuzenden Blickachsen.

LA VIOLETTE HOUSING ESTATE, LAUSANNE

For twelve years, this complex has served the practice as a true laboratory for research, experimentation and observation. Issues of the city, density and the quality of communal life have been analysed in the context of a tenfold increase in homes. We considered materials and how they are used, as well as relationships with the ground and sky. We proposed communal spaces and looked for the most beautiful places that could be shared. We thought about thresholds, porosity, the neighbouring context and what was fundamentally private. Last but not least, we proposed a self-run library that connects with the neighbourhood on a larger scale.

We ended up with four buildings sharing a common garden. The orientation of the buildings aims to create the right relationships, sometimes opening up views outwards, sometimes emphasising the view inwards.

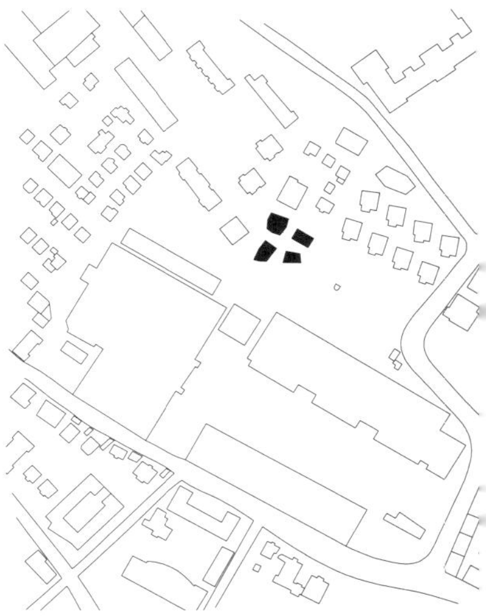

Ausführung: 2009–2019 (drei Etappen)
Bauherrschaft: Stockwerkeigentümergemeinschaft «Les Violettes»
Bauleitung: L-architectes
Projektteam: L-architectes

Construction: 2009–2019 (three stages)
Client: "Les Violettes" apartment ownership group
Construction management: L-architectes
Project team: L-architectes

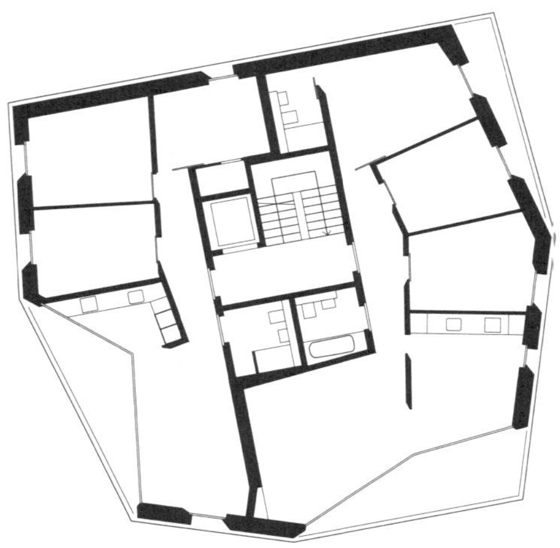

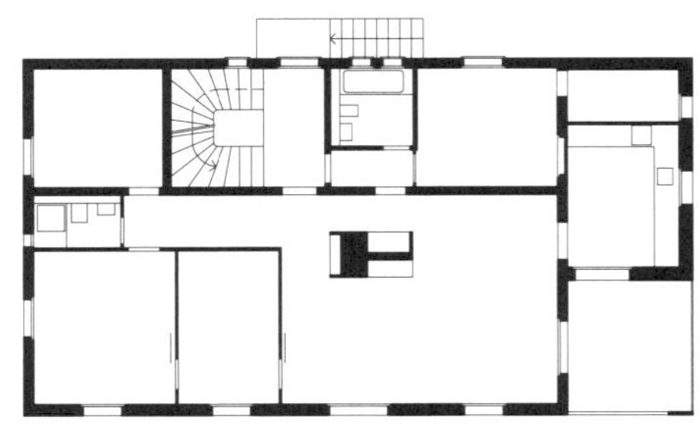

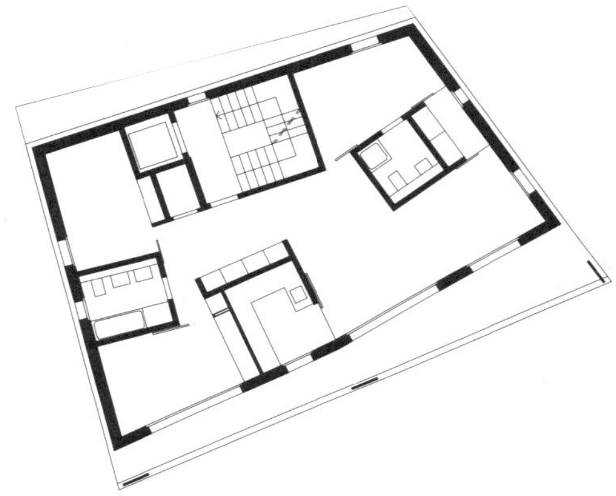

10 m

DIE SCHAFFUNG EINER WIESE

Soline Nivet

Man stelle sich auf den Anhöhen von Lausanne drei grosse Villen vor, jede von einem eigenen Garten eingefasst, jede von einer eigenen Hecke umgeben. Dreimal ein Garten, dreimal vier Hecken, mit dem Rücken zu einer Sackgasse. Auf dem grössten dieser drei Grundstücke renovieren Sie die Villa und errichten ein weiteres Gebäude im Garten.

Entfernen Sie dann alle Hecken, so dass der Blick zum See frei ist.

Verdichten Sie das Gelände, ganz langsam. Sie ersetzen die beiden anderen Villen nacheinander durch zwei Neubauten. Ziehen Sie keine neue Grenze mehr. Nutzen Sie auch die Gelegenheit zu sehen, wie man mit der Villa die Sackgasse öffnen, daraus eine Strasse machen kann.

Sie haben nun Grund genug, eine Wiese zu schaffen, die von 27 Familien geteilt wird. Und das Projekt wird nur seinen Anfang nehmen.

Denn das Schaffen dieser Wiese mobilisiert all Ihre Aufmerksamkeit, die Architektur auf diesem Grund all Ihre Sorgfalt.

Sie tragen bei der Planung Sorge für die Ansiedlung und die Grösse eines jeden Gebäudes, damit diese sich untereinander mässigen, ohne sich jedoch zu ignorieren.

Sie passen im Schnitt die Erdgeschossniveaus an, erhöhen diejenigen entlang der Strasse, arrangieren die anderen ebenerdig zu dem Garten.

Sie stützen sich auf die leichte Neigung des Geländes, um die Horizontalen zu betonen, Terrassen anzulegen oder den Hang verschwinden zu lassen.

Sie zeichnen Durchgänge, schlagen eine Wegführung vor.

Bei dem letzten errichteten Gebäude durchbrechen Sie das Backsteinmauerwerk im Erdgeschoss. Um es besser zur Strasse hin zu öffnen, beschliessen Sie, dort eine kleine Leihbibliothek einzurichten.

Alles zusammengenommen begründen diese Entscheidungen die Architektur dieser Wiese, ermöglichen dort ein Gemeinschafts-, aber auch ein Individualleben in guter Nachbarschaft.

Denn die Bodenarchitektur ist auch die Kunst, eine Wiese zu schaffen.

THE FACTORY IN THE MEADOW

Soline Nivet

Imagine three large villas in the hills above Lausanne, each in the middle of a garden, and each garden bordered by a hedge. Three gardens, with four hedges each, all turning their backs on a cul-de-sac. In the largest of these three lots, you renovate a villa, and build another building in the garden.

Next, you take away all the hedges, opening up the view to the lake.

Slowly, you add density, remplacing one villa, and then the other, with two new buildings. You set no limits. You also take the opportunity to talk to the city about the possibilities of turning the cul-de-sac into a connecting street.

All this yields enough to create a meadow, shared between 27 families.

And the project is only getting started. Because bringing this meadow into being is taking all your attention, and landscaping it requires all your effort.

In plan, you watch over the orientation and basic layout of each of the buildings, making sure that they don't crowd each other, yet also ensuring that they acknowledge each other. In section, you adjust ground floor levels, raising those that flank the street, and bringing the others level with the garden outside.

You draw on the slight slope of the terrain to emphasise horizontal lines or mark the start of terraces, or you let the slope run on. You design paths and propose routes.

In the last building you put up, the ground floor masonry is openwork; the better to open this building up to the street, you add a small lending library.

All these decisions add up to an architecture anchored in this meadow, supporting a life that all its residents can share, at close quarters. Because making landscapes is the art of reconciling the epic and the intimate.

WOHNANLAGE,
CHAVANNES-PRÈS-RENENS

**HOUSING ESTATE,
CHAVANNES-PRÈS-RENENS**

Drei Gebäude, die sich um einen Gemeinschaftsplatz gruppieren. Das Gleichgewicht zwischen den Privaträumen und dem Gemeinschaftsleben, Reflexion über den Begriff von Grenze und Nachbarschaft. Die Häuser sind auf dem höchsten Punkt eines Hügels angesiedelt, dessen natürliche Wölbung sie offenbaren. Bei dieser Herangehensweise, die den Kontext berücksichtigt, ist der Farbton der Fassaden eine Anspielung auf die Schokolade, die in der ehemaligen Fabrik Perrier hergestellt wurde. Durch das Angebot eines kollektiven Bezugsortes wird der Eingliederung von sieben Wohnungsbauten in die hybride Entwicklung des Stadtgefüges im Westen Lausannes ein Sinn verliehen.

Here, three buildings gather around a common square. Their placement reflects a balance between private spaces and communal life, as well as our thinking about the notion of the threshold and the neighbourhood. The houses sit at the crest of a hill, revealing its natural slope. Within this context-sensitive approach, the colour of the façades evokes the chocolates made by the former Perrier factory. We proposed a local, public landmark as a way of giving meaning to the addition of seven homes to a mixed development in the built fabric of the west of Lausanne.

Ausführung: 2000–2007
Bauherrschaft: Stockwerkeigentümergemeinschaft «Les jardins Villars-Perrier»
Bauleitung: L-architectes
Projektteam: L-architectes

**Construction: 2000–2007
Client: "Les jardins Villars-Perrier" apartment ownership group
Construction management: L-architectes
Project team: L-architectes**

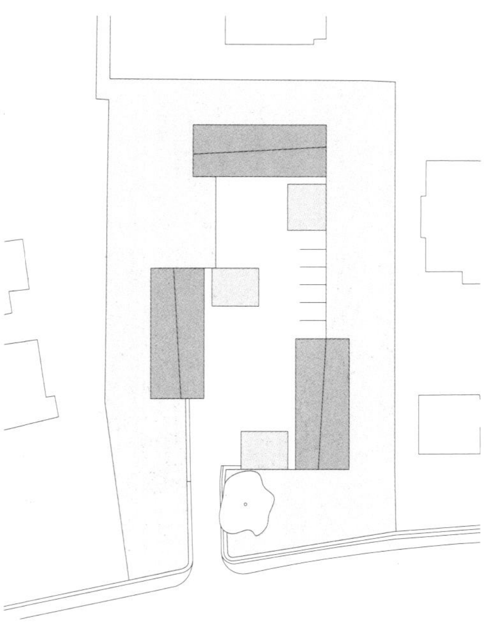

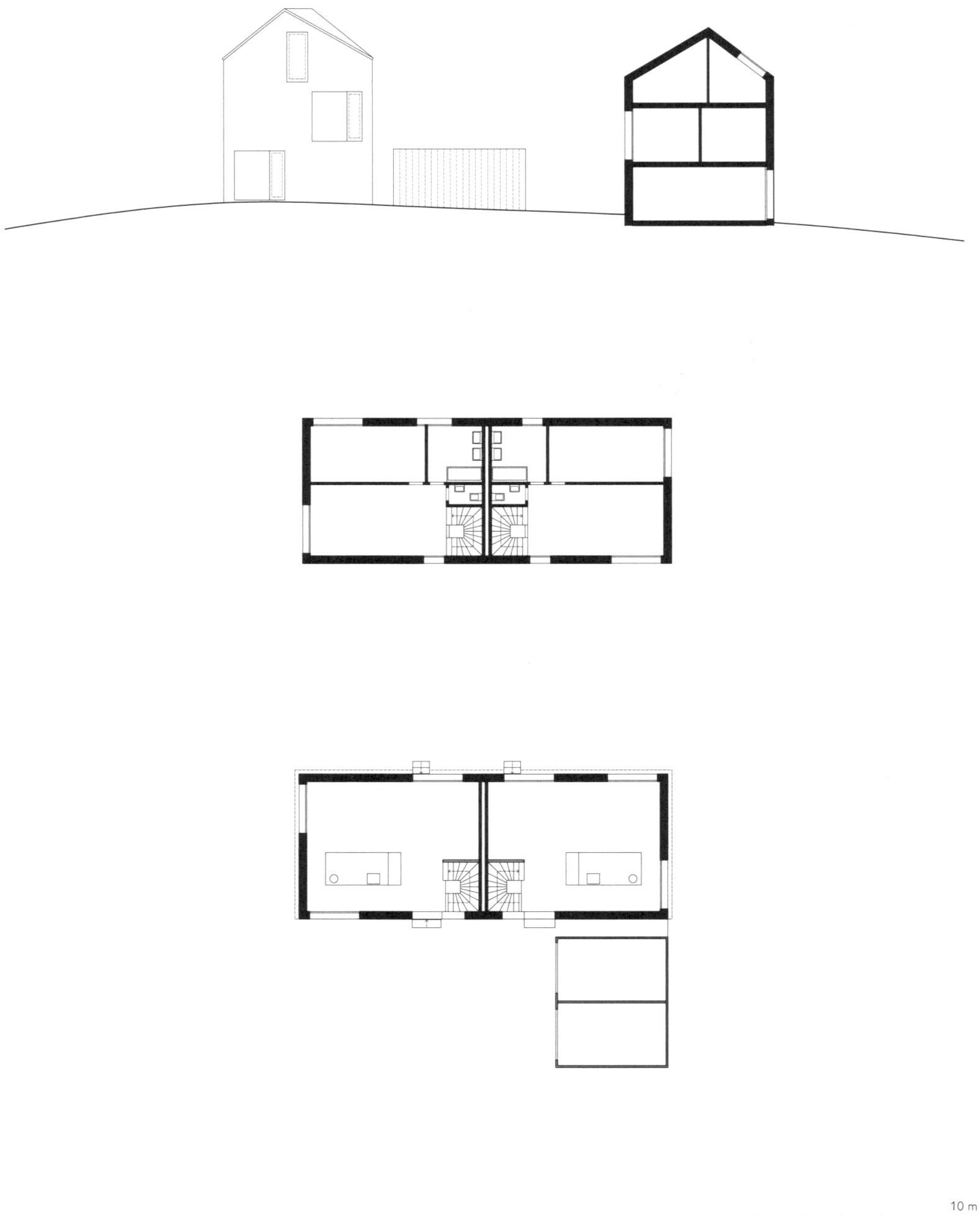
10 m

A

Ein Haus, das bereits seit 100 Jahren dasteht, und zwei neue Gebäude mit neun Wohnungen und einem gemeinsamen Obstgarten. Die Ansiedlung der neuen Häuser aus Holz sucht nach dem richtigen Verhältnis, hier durch Öffnung der Perspektiven, dort durch Aufwertung der sich kreuzenden Blickachsen. Es gibt eine Privatsphäre, wo Austausch möglich ist, der Grundriss ist durch die Schlafzimmer festgelegt. Innen gibt es keinen verlorenen Raum, jedoch ein ausgeprägtes Raumgefühl durch das Spiel der Diagonalen und der Loggia im hellen Sonnenlicht. Sich in ein bereits existierendes Gefüge einzugliedern, darin zeigt sich der Sinn einer Methode, die darauf abzielt, sich an den baulichen Strukturen vor Ort zu orientieren.

A house that has stood in place for 200 years and two new buildings, with an orchard shared by all nine homes. The orientation of the new timber houses is an attempt to create the right relationship between them and the site, sometimes by opening up perspectives and sometimes by celebrating cross-views. We have created a private sphere where encounters can take place, with a plan determined by the bedrooms. Inside, space is at a premium, but a feeling of spaciousness is achieved through the play of diagonals and the sunlit loggia. Integration with the existing fabric is the crux of our approach, which aims to draw inspiration from the existing structures in a given place.

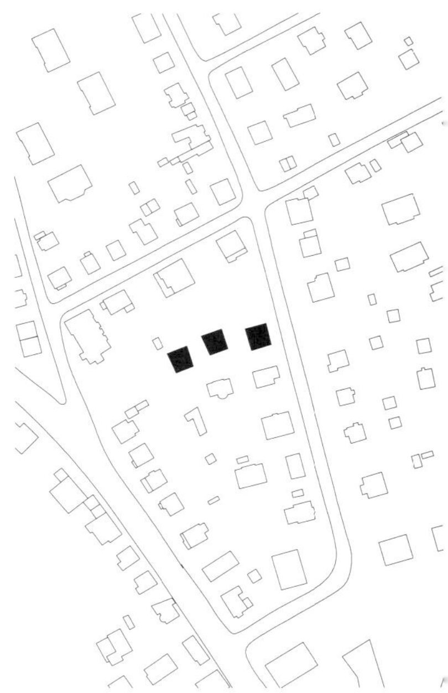

Ausführung: 2005–2007
Bauherrschaft: Stockwerkeigentümergemeinschaft «Les Matines»
Bauleitung: L-architectes
Projektteam: L-architectes

Construction: 2005–2007
Client: "Les Matines" apartment ownership group
Construction management: L-architectes
Project team: L-architectes

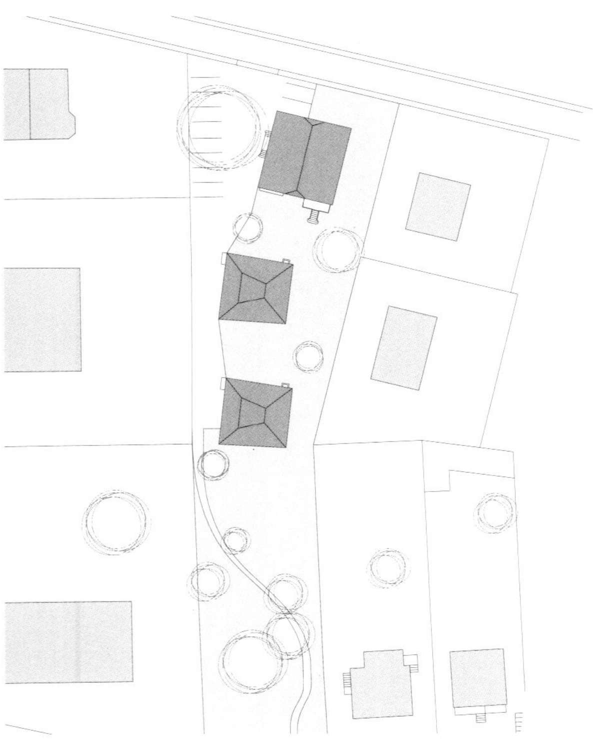

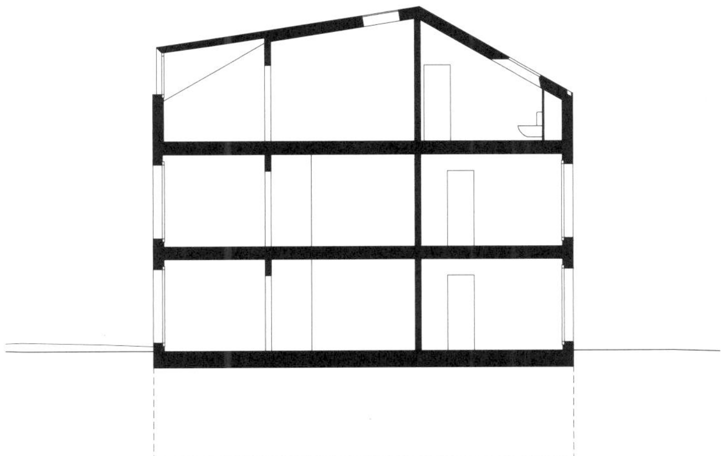

5 m

EINFAMILIENHAUS MIT ZWEI WOHN-EINHEITEN, PRILLY

SEMI-DETACHED HOUSE, PRILLY

Entwurf eines minimalistischen Familienwohnhauses für eine alleinstehende Frau, ihre beiden Söhne und zur Ausübung ihrer freiberuflichen Tätigkeit. Es ging hier um die Suche nach einer ausgeklügelten Raumtypologie für ein minimales Budget mit einem Grundriss, der sich auf zwei Ebenen erstreckt und sowohl Gemeinschaftsräume als auch eigene Zimmer beinhaltet. Das Haus lässt sich leicht verändern: Morgen kann es im Handumdrehen in zwei kleine unabhängige Wohnungen unterteilt werden. Flexibilität ist einer der Schlüssel für bescheidene Wohnbauten, die Entwicklung zur Anpassungsfähigkeit zeugt davon, dass es keine Standardformel im Leben, beim Wohnen gibt.

The proposal here is for a minimalist family home for a single woman, her two sons and her freelance work. Our search for a rich typology that could be achieved on a shoestring budget led us to a duplicated plan on two storeys, composed of shared spaces and private rooms. The house lends itself to future changes; it could quickly be divided into two small independent apartments. Flexibility is essential for homes with a limited budget, while the versatility to accommodate change is a reminder that, in housing as in life, there is no one-size-fits-all formula.

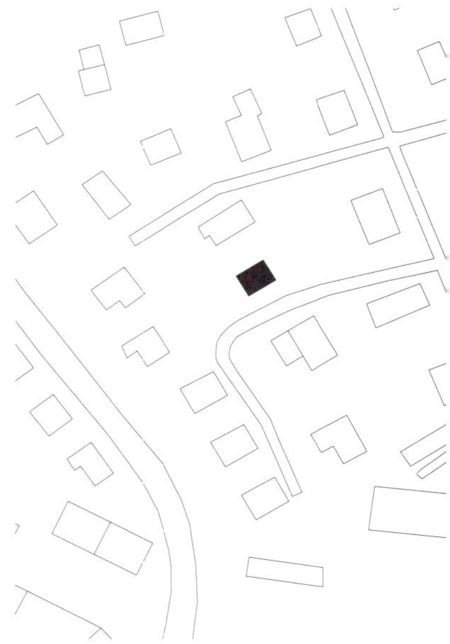

Ausführung: 2017–2019
Bauherrschaft: Privat
Bauleitung: L-architectes
Projektteam: L-architectes

Construction: 2017–2019
Client: private
Construction management: L-architectes
Project team: L-architectes

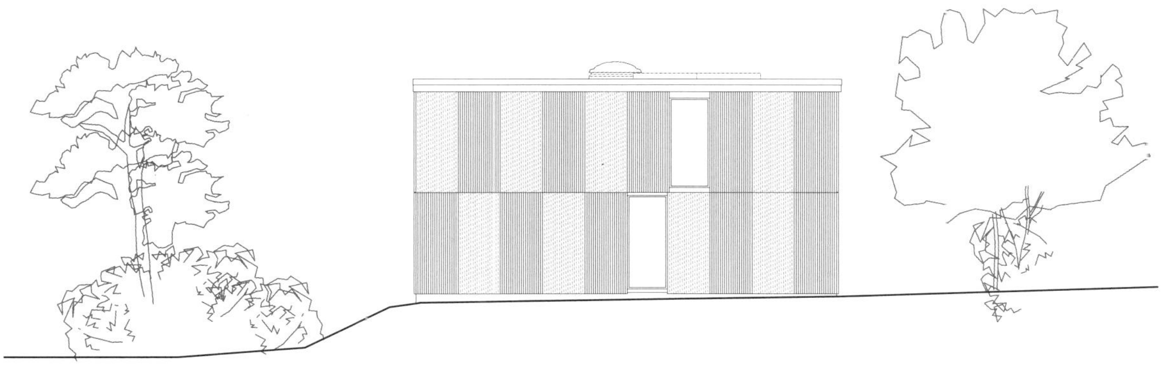

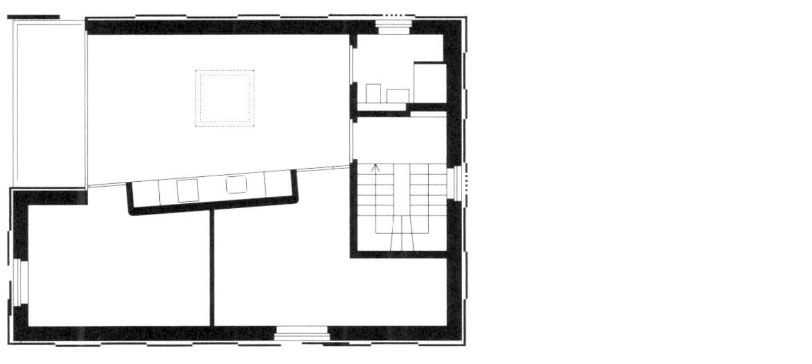

5 m

Ein Haus ist niemals allein, es integriert sich, steht in einem Dialog mit den anderen Gebäuden, mit den Bäumen. Seine Silhouette zeichnet sich vor dem Himmel ab, es unterbricht die Fläche des Bodens, auf dem wir gehen, um aus diesem emporzuragen: Diese Beziehung zum Boden ist entscheidend, damit sich das Haus erhebt wie die lebendige Natur, das heisst wie unsere Umwelt.

A house is never solitary. It exists in dialogue with other buildings and trees. Its silhouette breaks the horizon. Its footprint stakes a claim on the ground. This relationship with the earth is essential if the house is to anchor itself in nature, as a living part of our environment.

URBANES ENSEMBLE LA SALLAZ: WOHN- UND GESCHÄFTSGEBÄUDE, LAUSANNE

LA SALLAZ URBAN ENSEMBLE: RESIDENTIAL AND COMMERCIAL BUILDING, LAUSANNE

Ein stark mineralisch anmutendes Gebäude offenbart die Horizontalität des Plateaus von La Sallaz durch Balkone, die sich an der gesamten langen, sehr städtischen, vollständig aus Fertigbetonteilen bestehenden Fassade vor Ort entlangziehen. Vom ersten bis zum fünften Stock befinden sich 50 Wohnungen und im Erdgeschoss auf jeweils einer Seite die Geschäfte Migros und Coop, die sich den Eingang im Untergeschoss teilen.

Die Anlage gehört zu einem Ensemble von vier Gebäuden rund um den Ausgang der Metro M2 in Verlängerung der Place de la Sallaz. Es geht darum, die Gelegenheit zu ergreifen, städtischen Raum zu bebauen und sich dabei vom Massstab des gebauten Objekts zu lösen, um die Idee des Ensembles zu verstärken, die hier Perspektiven eröffnet und dort nach der genauen Definition des städtischen Leerraums sucht.

This building with a strong stone and concrete element evokes the horizontality of the Sallaz plateau through its balconies, made entirely of prefabricated concrete, that run the length of its highly urban façade facing onto a square. It houses fifty apartments from the 1st to the 5th floor, shops on the ground floor, and a Migros and Coop supermarket on each side, both sharing access to the first basement level.

The building forms part of a set of four buildings around the M2 metro exit, an extension of the Place de la Sallaz. It presented an opportunity to develop the city's public spaces by adapting the scale of the erected building to strengthen the idea of the ensemble, thereby opening up lines of sight in some places and defining open urban spaces in others.

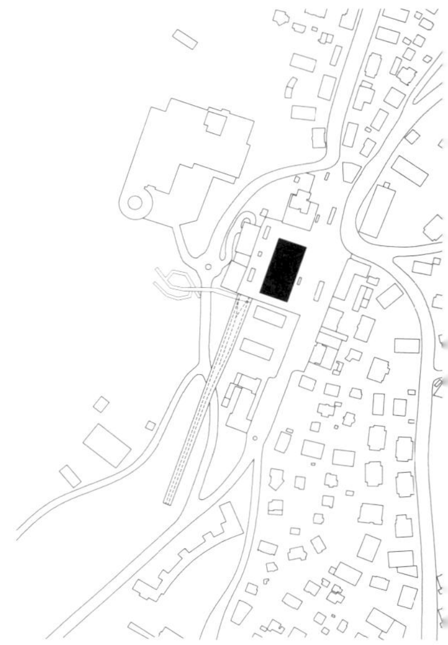

Ausführung: 2009–2016
Wettbewerb: 2009, 1. Preis
Bauherrschaft: UBS Fund Management (Switzerland) AG
Bauleitung: Implenia
Projektteam: L-architectes

Construction: 2009–2016
Competition: 2009, 1st Prize
Client: UBS Fund Management (Switzerland) AG
Construction management: Implenia
Project team: L-architectes

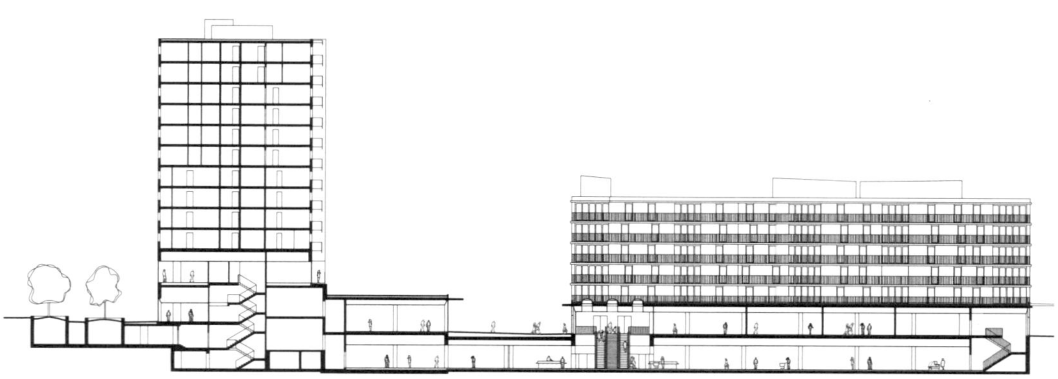

10 m

URBANES ENSEMBLE LA SALLAZ: WOHNUNGEN, BIBLIOTHEK, KRIPPE UND PARKING, LAUSANNE

Westlich des Ausgangs La Sallaz der Lausanner Metro M2 stehen zwei neue Gebäude in der Talmulde Le Flon. Sie suchen den Bezug zur sie umgebenden Vegetation: Sie selbst sind aus Holz, und Bäume ergänzen die Landschaftsanlagen der Parzelle. Auf den einzelnen Stockwerken finden sich Wohnungen mit Loggien, während in den darunterliegenden Geschossen ein öffentliches Parkhaus für die Place de la Sallaz untergebracht ist, das von der neuen Umgehungsstrasse zugänglich ist. Auf der Ebene des Platzes mit der Metro im Norden wurde eine städtische Kinderkrippe geplant, wo die Kinder freudig von dem Freiraum zwischen den beiden Gebäuden profitieren, der sich zum Wald von Sauvabelin hin öffnet. Auf der gleichen Ebene hat man im Südgebäude eine städtische Bibliothek für das Viertel eingerichtet: Kinderecke, Ruhezone und Studienecke sorgen dafür, dass man die Schönheit des Geländes mit Blick über das Tal Le Flon entdecken kann.

Die Anlage gehört zu einem Ensemble von vier Gebäuden rund um den Ausgang der Metro M2 in Verlängerung der Place de la Sallaz. Ziel war hier, städtischen Raum zu bebauen und sich dabei vom Massstab des gebauten Objekts zu lösen, um die Idee des Ensembles zu verstärken, die hier Perspektiven eröffnet und dort nach der genauen Definition des städtischen Leerraums sucht.

LA SALLAZ URBAN ENSEMBLE: APARTMENTS, LIBRARY, CRÈCHE AND PARKING, LAUSANNE

These two new buildings are located in the Flon Valley, west of the Lausanne M2 La Sallaz metro exit. They enmesh themselves with the surrounding vegetation through their use of timber, complemented by trees and the landscaping of the site. Upper-level apartments with loggias overlook public car parking for the Place de la Sallaz below, which can be accessed by the new bypass road. A municipal crèche is planned for the north side of the metro square, which will see children revel in the space between the two buildings overlooking the Sauvabelin forest. In the south building, a neighbourhood public library has been created on the same level. It offers a children's corner, a quiet space and a study area to lure visitors to this beautiful site in the Flon Valley.

The building forms part of a set of four buildings around the M2 metro exit, an extension of the Place de la Sallaz. It presented an opportunity to develop the city's public spaces by moving away from the scale of the building to connect with the scale of the ensemble, which made it possible to open up lines of sight in some places and frame urban open spaces in others.

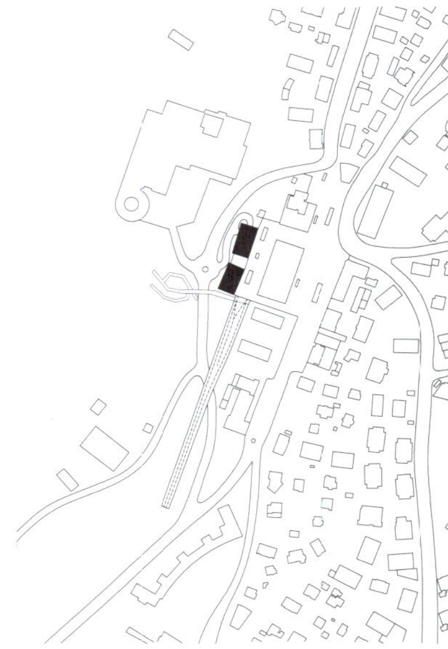

Ausführung: 2013–2016
Wettbewerb: 2009, 1. Preis
Bauherrschaft: Société Immobilière Lausannoise pour le Logement SA
Bauleitung: L-architectes und Implenia
Projektteam: L-architectes

Construction: 2013–2016
Competition: 2009, 1st Prize
Client: Société Immobilière Lausannoise pour le Logement SA
Construction management: L-architectes and Implenia
Project team: L-architectes

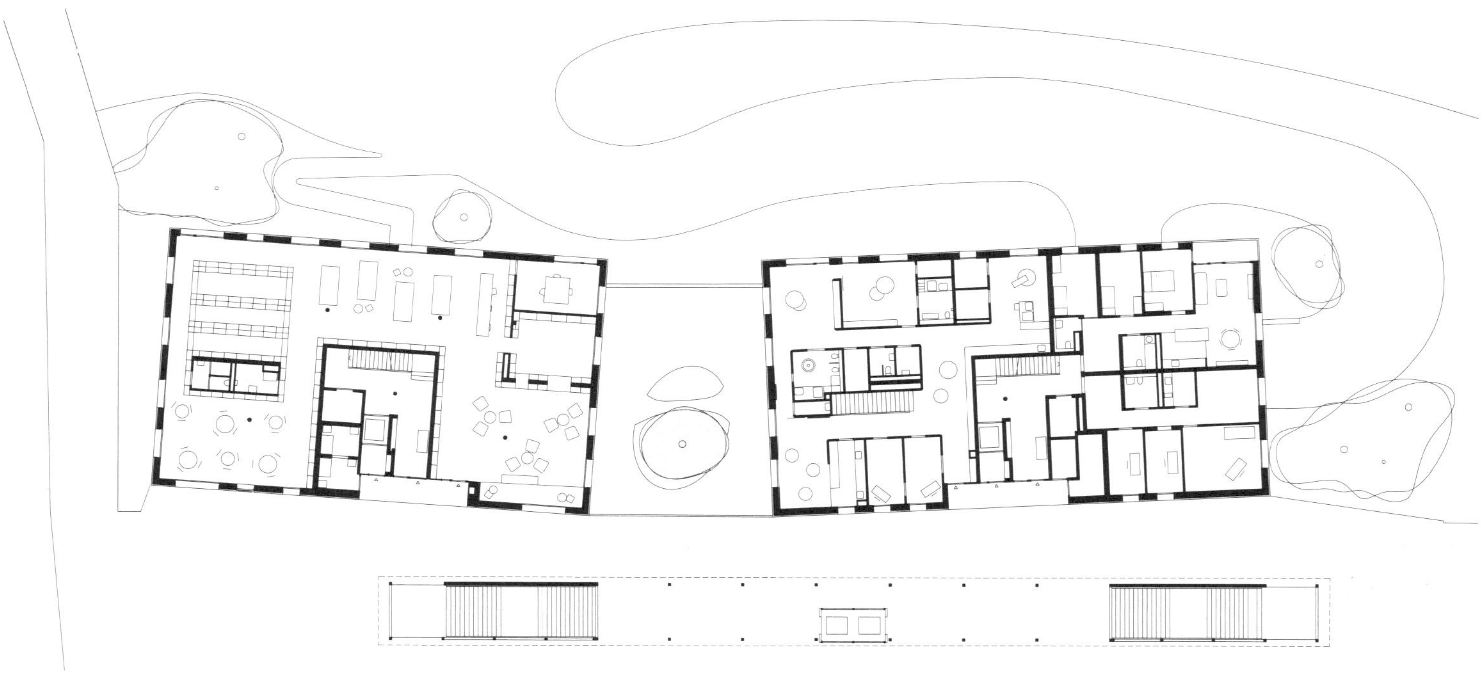

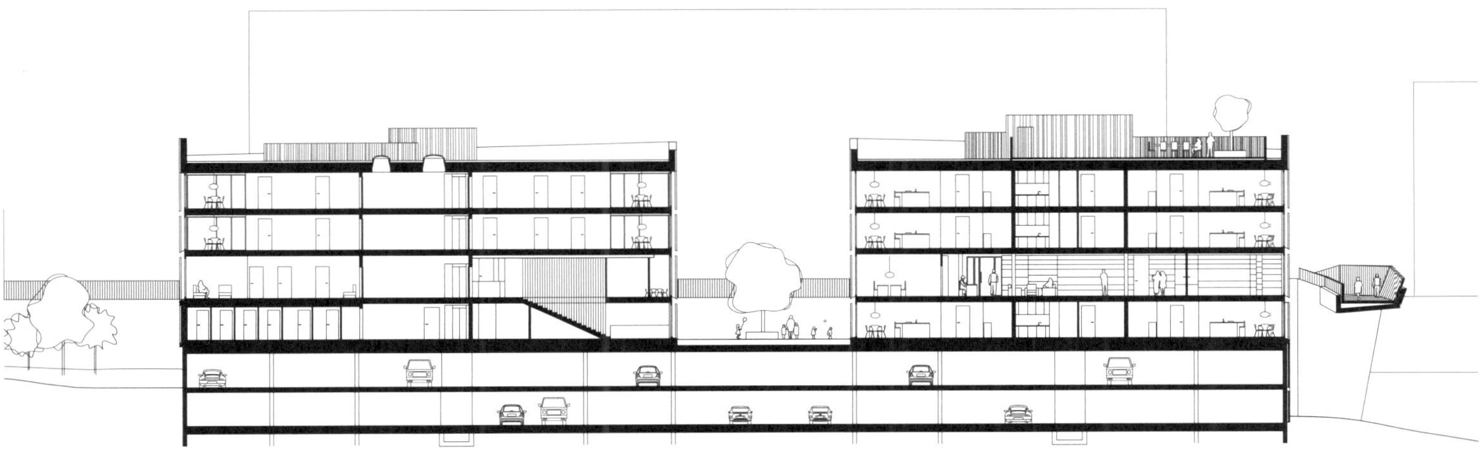

10 m

In den Leerräumen, die bei dem Bau des Hauses entstanden sind, leben die Menschen, bewegen, begegnen sich, und das zeigt sich im Inneren, aber auch aussen. Egal, ob man sich auf dem Bürgersteig, auf einem Platz oder an einem gemeinsamen Ort befindet, es sind diese durch die Lage des Hauses definierten Räume, die uns interessieren.

It is in the voids created during the building of this house that people live, move and meet each other, inside as well as out. Whether we find ourselves on the pavement, in a square, or another public place, it is the spaces defined by the setup of the house that draw us in.

Ein Haus in einer Ausnahmelage, wie am Berghang: An der Grenze zwischen Wald und Weinbergen positioniert, taucht der Bau buchstäblich in den Genfer See. Aufgrund seiner ausgewogenen Lage ist das Haus von Hochgebirgshütten inspiriert: reduzierte Grundfläche, Ökonomie der Mittel, ein einziges Material. Vom Dach bis zum Boden haben wir nacktes Lärchenholz gewählt, das Nadelholz von dort oben, um das ganze Haus zu bauen. Im Süden gibt es eine grosse Glasfassade: Das ist der Panoramablick, die Leere, eine Form spektakulären Schwindelgefühls. Im Norden findet sich gemäss dem Wunsch nach Gleichgewicht der Zufluchtsort des Wohnzimmers, der tiefer liegt und geschützt ist wie bei einer Rückkehr zur Erde. Ein wesentliches Detail: Der Auftraggeber ist ein Freeride-Skifahrer, ein Liebhaber von «unmöglichen» Abhängen.

This house perches on a remarkable site with something of a mountain slope to it: situated on the border between forest and vineyards, the building literally plunges into Lake Geneva. The steepness of the site has yielded a plan inspired by high Alpine cabins, with a limited surface area, sparing use of resources and a single building material. From top to bottom, we opted to build the whole house out of raw larch, a coniferous tree that abounds up there. To the south, a large glazed façade frames a panoramic view; below, the earth falls away vertiginously. To the north, we sought a balance by turning the living room into a refuge, sunken into the ground, as if protected by embedding in the earth. One significant detail is that the client is a free-ride skier and a connoisseur of "impossible" slopes.

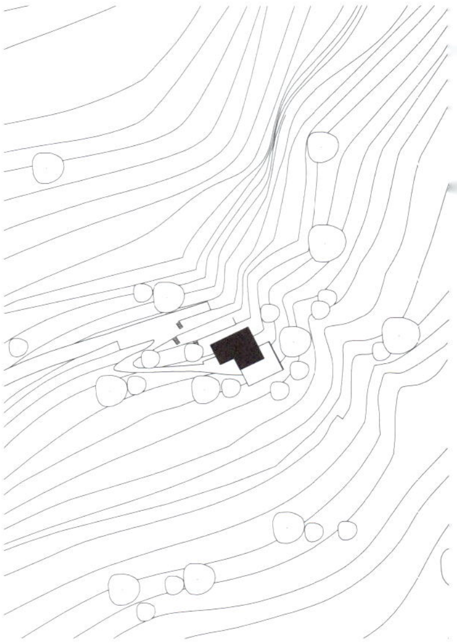

Ausführung: 2002–2003
Bauherrschaft: Privat
Bauleitung: L-architectes
Projektteam: L-architectes

Construction: 2002–2003
Client: private
Construction management: L-architectes
Project team: L-architectes

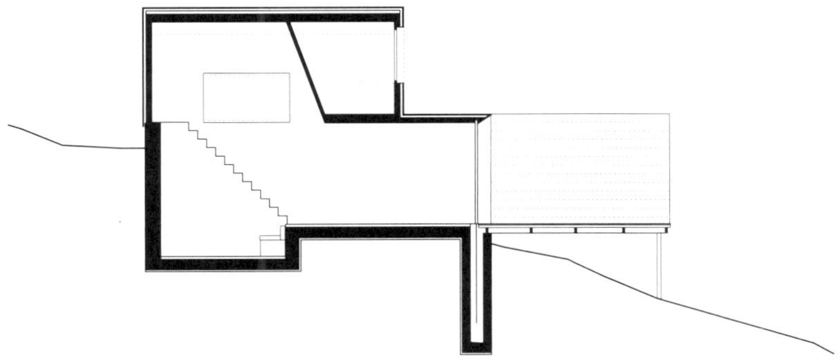

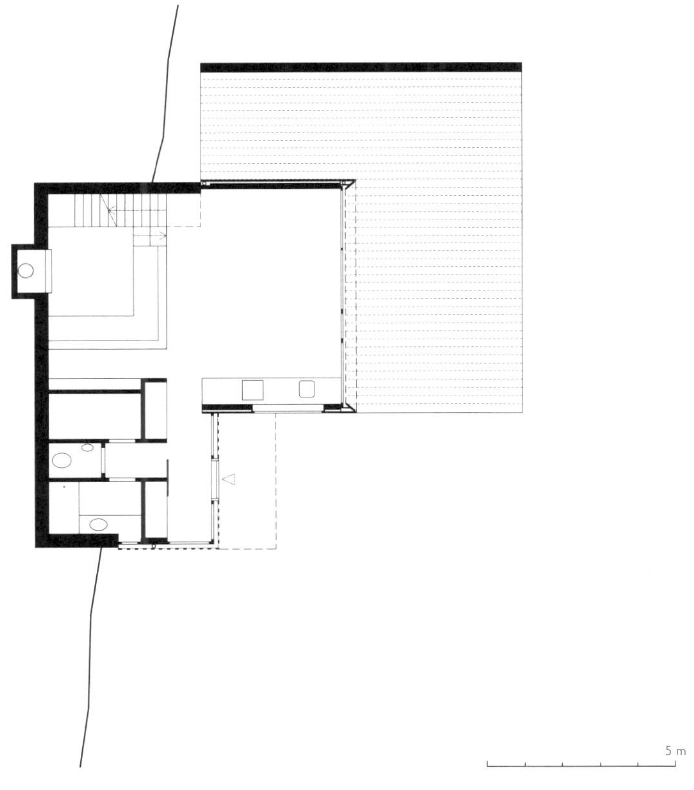
5 m

EINFAMILIENHAUS, CHEMIN DU LEVANT, LAUSANNE

SINGLE-FAMILY HOME, CHEMIN DU LEVANT, LAUSANNE

Ein Turm zwischen Himmel und Erde. Das ist das Bild, das dieses Haus hervorruft, verwurzelt in einem bewaldeten Hang hoch über dem Fluss. Das Gebäude erstreckt sich über vier Ebenen. Das Rückgrat des Baus bildet das innenliegende Treppenhaus, das alternierend die Wohnräume erschliesst. Ganz unten die Loggia: Bäume, Humusboden, Grün. Ganz oben die Terrasse: Himmel, Vögel, Blau. Thema des Rests, das Ende der unwahrscheinlichen Welt: Am Rand der Parzelle, am äussersten Ende der Stadt Lausanne gelegen, ist das Gelände gleich mehreren Beschränkungen unterworfen, die jedoch den Entwurf und die Reflexion bereichern. Dies konkretisiert sich in neuen Perspektiven, im eigentlichen und im übertragenen Sinn.

The image this house creates is of a tower between the earth and sky, anchored to a wooded slope that plunges into the river. It extends over four levels, with an interior staircase as a backbone, opening onto living spaces that alternate on each floor. At the base, the loggia: trees, soil, greenery. At the very top, the terrace: sky, birds, blue. For everything else, the forbidding site serves as a theme: at the end of the plot, at the very end of the city of Lausanne, the land presents multiple constraints that enrich the project and add layers to our own design response. In so doing, new insights have taken form for us, both literally and figuratively.

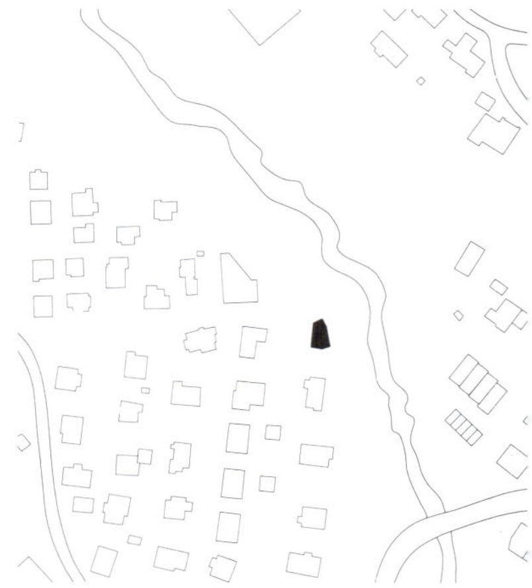

Ausführung: 2005–2008
Bauherrschaft: Privat
Bauleitung: L-architectes
Projektteam: L-architectes

Construction: 2005–2008
Client: private
Construction management: L-architectes
Project team: L-architectes

113b

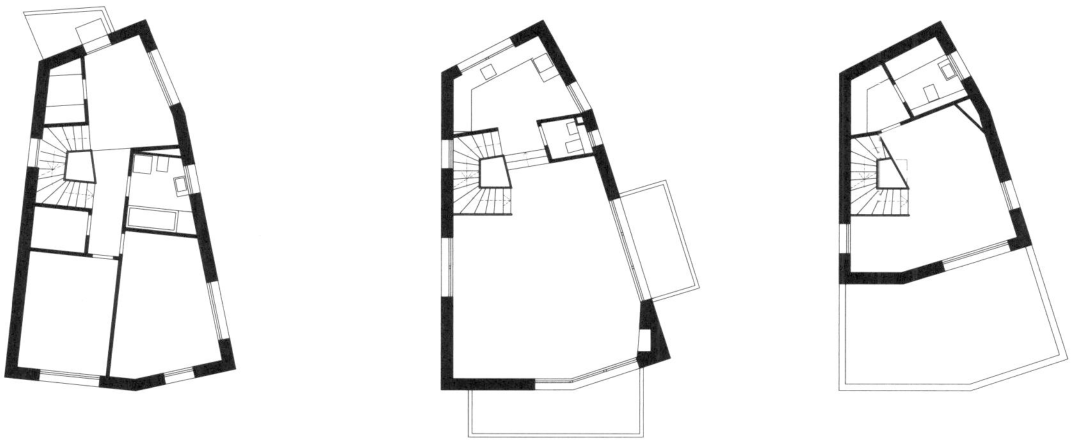

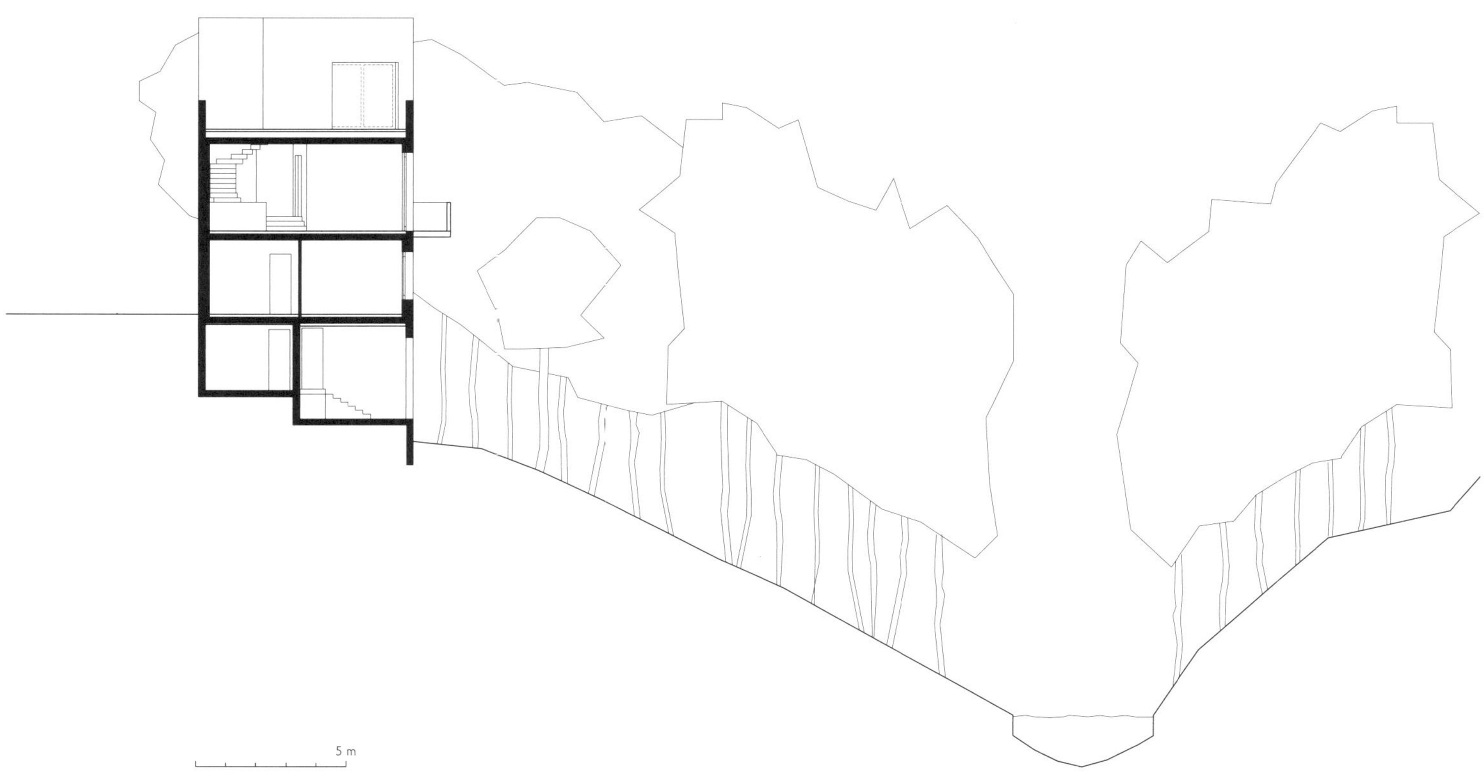
5 m

UMBAU KULTURCAFÉ LA DATCHA, LAUSANNE

LA DATCHA CULTURAL CAFÉ TRANSFORMATION, LAUSANNE

Zusammen mit der Gesellschaft Histoires urbaines lenken L-architectes ihren Blick auf die Stadt und erforschen bis zum Ende der Nacht das Problem öffentlicher Plätze. Hier befinden wir uns am Rand des endemischen Waldes auf der Nordseite der Moräne von Montbenon. Ein Gebäude, das 1916 aus hundert Prozent Beton errichtet und dann verlassen wurde, am Rand des Viertels Le Flon in Lausanne. Das Konzertcafé La Datcha wurde entworfen, als wäre es eine Dringlichkeit, diesen verwunschenen Ort der Entdeckung preiszugeben. Ein Ort des kulturellen und musikalischen Austauschs mit Bierkreationen aus eigener Produktion und einheimischen Weinen. Im Endeffekt nur Glück: Diskussionen, Begegnungen und Feste. Genau wie bei einer Reise erkunden wir hier die Magie des Ortes und der ephemeren Architektur. Ein lebendiger, von nun an öffentlicher Ort, der durch Konzerte und künstlerische Auftritte zu einem festen Bezugspunkt in Lausanne geworden ist.

In collaboration with the association Histoires urbaines, L-architectes took a closer look at the city by exploring the issue of public spaces throughout the night. We find ourselves on the endemic forest on the northern slope of the Montbenon moraine. A building constructed entirely out of concrete in 1916, then abandoned, sits on the edge of Lausanne's Quartier du Flon. The café and concert venue La Datcha is dreamed up as a sort of emergency intervention to bring this enchanted place to a wider audience. What follows is an exuberant exchange of culture and music, with artisanal beers and local wines. The ending is pure joy: discussions, meetings and celebrations. Much like a journey, in this place, we are exploring the magic of the place and the transient architecture. This living and newly public place has, through concerts and artistic performances, become a fixture in Lausanne.

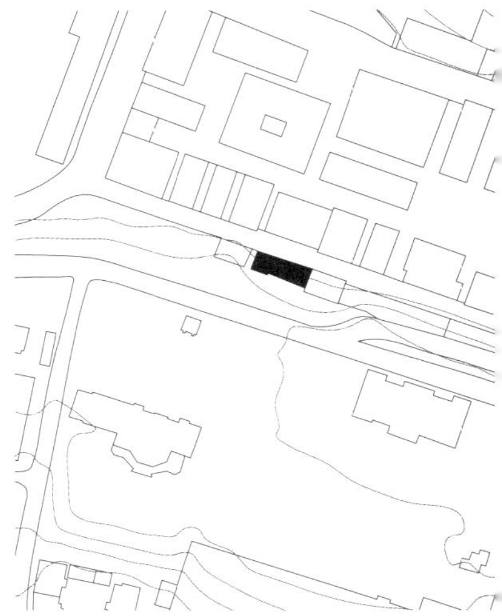

Ausführung: 2011
Bauherrschaft: Association Histoires Urbaines
Bauleitung: L-architectes
Projektteam: L-architectes

Construction: 2011
Client: Association Histoires Urbaines
Construction management: L-architectes
Project team: L-architectes

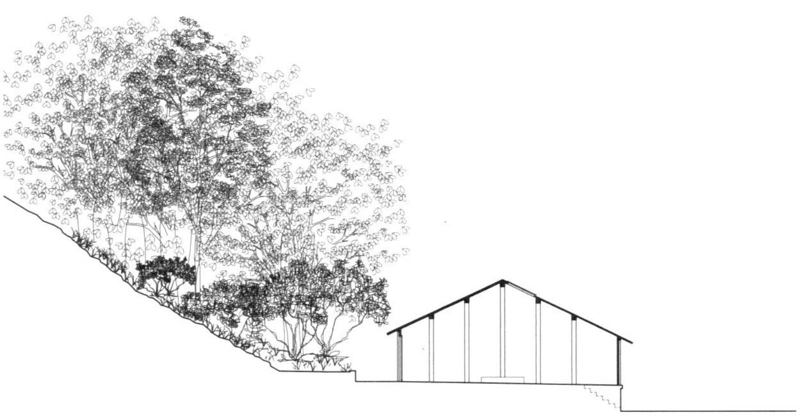

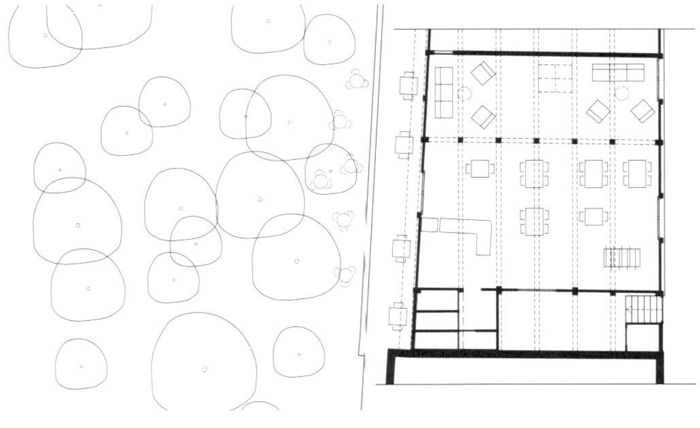

UMBAU WOHNGEBÄUDE, CHAVANNES-PRÈS-RENENS

Hier galt es, ein Gebäude von Anfang der 1970er Jahre aufzustocken und damit die 60 existierenden Wohnungen aufzuwerten. Zuallererst optisch sorgt eine leichte Bewegung bei den neuen Balkonen für ein «Vibrieren» dieses schönen Baukörpers, wie er sich heute präsentiert. Auf Ebene des Lebenskomforts hat man durch die Arbeit an den Öffnungen und durch die Konstruktion eines sehr grosszügigen Balkons das Gefühl einer Vergrösserung der Innenräume vermittelt. Ein Komfort, der auch den anspruchsvollsten Kriterien in Bezug auf Energieeinsparung durch eine merkliche Verbesserung der Gebäudeisolierung entspricht. Es ist eines dieser Projekte, das niemals realisiert werden sollte und dennoch wurde.

APARTMENT BUILDING TRANSFORMATION, CHAVANNES-PRÈS-RENENS

This project provided an opportunity to raise an existing building erected in the early 1970s to improve the existing 60 apartments. Firstly, on a visual level, the introduction of a slight movement to the new balconies makes this beautiful building "ripple". In terms of everyday comfort, the interiors seem more expansive due to detail work on the openings and the generous dimensions of the balcony. Greater comfort has also been achieved by meeting the strictest energy efficiency requirements through a substantial improvement in insulation. This is one of those projects that was never supposed to see the light of day, and yet – here it is.

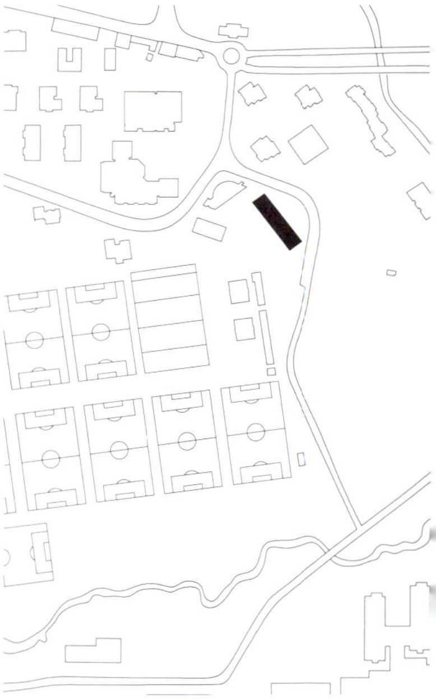

Ausführung: 2007–2013
Bauherrschaft: UBS Fund Management (Switzerland) AG
Bauleitung: Steiner SA
Projektteam: L-architectes

Construction: 2007–2013
Client: UBS Fund Management (Switzerland) AG
Construction management: Steiner SA
Project team: L-architectes

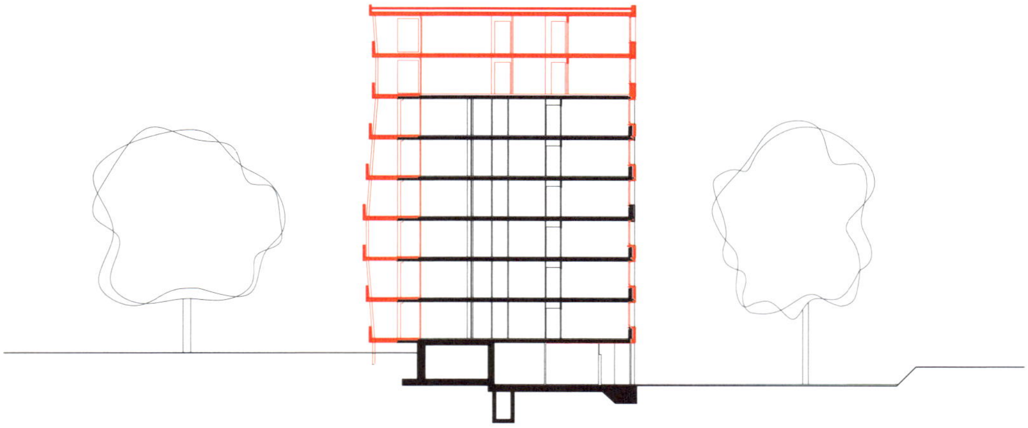

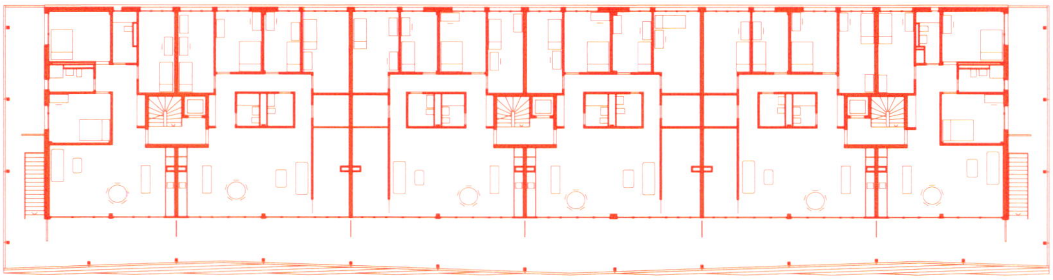

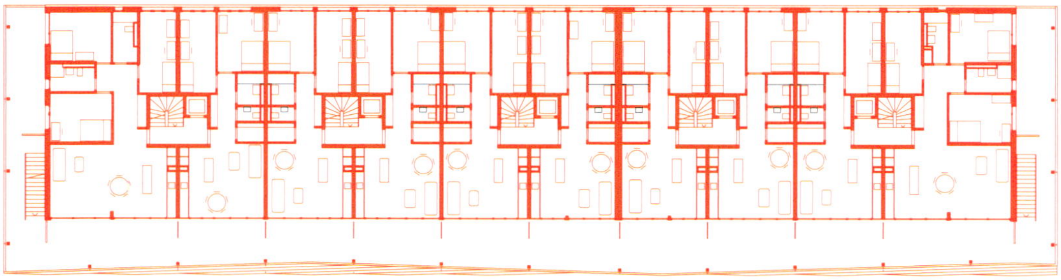

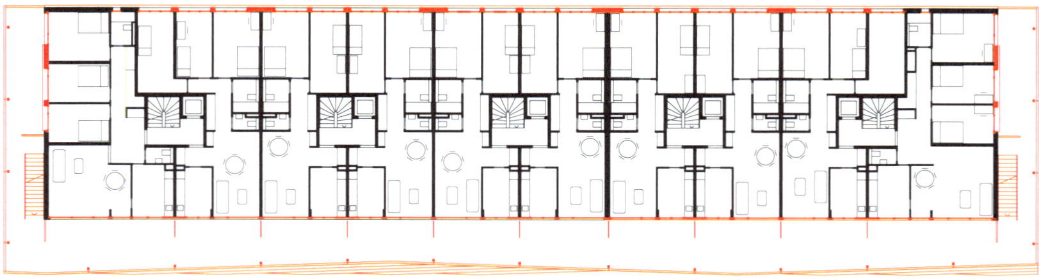

10 m

DIE GROSSZÜGIGKEIT ZUSÄTZLICHEN RAUMS

Franz Graf

Der Wohnungsbau Les Ochettes steht am Rand des Grossraums Lausanne. Er weist an der Front horizontal verlaufende, im Grundriss leicht geknickte neue Balkone auf und präsentiert sich wie ein elegantes Wohngebäude einer kultivierten zeitgenössischen Architektur. Er wurde dennoch bereits 1973 in einem anderen, seinerzeit allerdings typischen Stil errichtet, jüngst aber umgebaut und erweitert, und das Ergebnis erscheint schlicht, obwohl es aus einem komplexen Prozess hervorgeht.

Die Aufgabe ist banal, alltäglich, an einer gewöhnlichen Architektur. Es geht darum, ein Sachgut aufzuwerten, die Mietnutzungsflächen zu optimieren, die Kosten für die betrieblichen Aufwendungen und die Instandhaltung zu reduzieren, um nicht zu sagen, ein als dem Ansehen wenig förderlich geltendes Erscheinungsbild zu verbessern. Ein Abriss mit anschliessendem Wiederaufbau wurde ad acta gelegt, da ein solcher ethisch fragwürdig ist im Sinne einer «nachhaltigen Entwicklung», vor allem aber wirtschaftlich unangemessen. Ebenso gibt man allzu häufig einem plumpen Umbau den Vorzug, bei dem die bestehenden Gebäude degradiert werden, ihr Profil verschwindet und ihnen formlose Baukörper aufgepfropft werden. Die Anwendung von «Patentrezepten» um jeden Preis zur Einhaltung des Normenapparats sorgt heute dafür, dass die Schweizer und auch europäische Stadt durch die Vernachlässigung des Details allzu gemein wird.

In Chavannes-près-Renens haben die Architekten die Zwänge ausgespielt, sie haben es verstanden, ihnen bei dem Projekt eine andere Richtung zu geben und sie an ihrer optimistischen Vision vom modernen Wohnen teilhaben zu lassen. Wie bei jedem Eingriff in den Baubestand ist es die aufmerksame, beharrliche Beobachtung des «as found», des «Vorgefundenen», welche die Massnahme festlegt. Die Arbeit an diesem zusätzlichen Raum, den der Balkon darstellt, ist Ausdruck dieser Methode. Das Gebäude von 1973 verfügt über fünf Eingänge, deren Treppenhäuser die in Nord-Süd-Richtung verlaufenden Wohnungen erschliessen. Da der Durchgangsraum dieser Treppenhäuser aber nur 90 Zentimeter breit ist, können sie nicht als Fluchtwege

THE GIFT OF EXTRA SPACE

Franz Graf

On the outskirts of greater Lausanne, the Les Ochettes apartments expose their long horizontal balconies – subtly angled in plan – to the street, looking for all the world like an elegant block of contemporary residential architecture. In fact, this building dates from 1973 and very much looked it prior to its recent renovation and extension; the apparent simplicity of its new look belies a complex set of efforts.

The initial brief was as mundane as the original building was commonplace. It aimed to increase the value of a property, maximise the income-generating area, reduce operating and maintenance costs, and perhaps improve the rather humdrum exterior. Demolition and rebuilding was shelved as ethically suspect, in (the self-contradicting) terms of sustainable development, but mostly for financial reasons. Heavy renovation is similarly overused, resulting in the defacement of existing architecture, which is left free of ornament and studded with shapeless volumes. The indiscriminate application of "recipes" in order to satisfy regulatory regimes is debasing Swiss and European cities through the deterioration of detail.

In Chavannes-près-Renens, the architects played with these constraints, testing their limits and recruiting them to the architects' optimistic vision of what contemporary residential architecture should be. As with all projects involving existing structures, the mechanism at work here depends on careful, dogged observation of the "as found". The work done on the balcony, as an additional space, is a telling example of this method. The 1973 block is arranged around five entrances, each with a stairwell, which give access to these dual-aspect flats. However, because the clearance width of each shaft is only 90cm wide, they do not meet code as fire escapes. No matter – in the event of a fire, residents would evacuate via their connecting balconies, linked by stairwells on the east and west façades. The new balconies extend the

gelten. Daran soll es jedoch nicht scheitern, im Brandfall wird man den Weg über die Südbalkone nehmen, und die Treppen an der Ost- und Westfassade stellen die vertikale Verbindung her. Diese neuen Balkone vergrössern die Wohnräume und bieten einen zusätzlichen grosszügigen Aussenbereich. Dies dient so dem Projekt nicht nur als Verbindungsraum, den es einzunehmen gilt, sondern auch als Massstab des Gebäudes und der Landschaft hin zu dem See und den Alpen.

Auf Ebene der Formensprache mildert und dynamisiert zugleich das wirkmächtige horizontale plastische Wechselspiel zwischen Brüstungen und Hohlraum das Gebäude durch Einführung einer einfachen geometrischen Regel, die zu einem Knick in der Fläche führt: Nach jedem vierten Joch nehmen der Balkon und die Brüstung aus vorgefertigtem sandgestrahltem Beton eine leichte Richtungsänderung vor, und dieser Knick, der pro Stockwerk um jeweils ein Raster verschoben ist, findet durch kombinatorische Effekte wieder Anschluss an die Moderne. Die Baumassnahme als solche wird ebenfalls Gegenstand der Reflexion sein. Es geht um die Frage des Komforts der Bewohner, die während der Bauarbeiten an Ort und Stelle bleiben: Man wird vermeiden, die existierenden Balkone auf Ebene der neuen Gebäudehülle abzuschneiden, sondern wird sie stattdessen einfach verlängern. Und die Überlegung wird sich auch auf die Geometrie der Träger am Rand der Balkone erstrecken, die von einer zur anderen Ebene jeweils versetzt sind, so dass die fabrikfertigen Betonpfeiler zu einer Schrägneigung senkrecht zur Fassade gezwungen sind, was dem Ensemble die Anmutung einer fragilen Bewegung verleiht.

So zeigt der Entwurf für Les Ochettes, der das Potenzial des Gebäudes aus dem Jahr 1974 berücksichtigt, raffiniert grosszügige Verbindungsräume schafft und den Standort intelligent interpretiert, dass eine Erweiterung sowie die Kombination von Bestehendem und Neuem eine äusserst qualitätsvolle Architektur hervorbringen und auf Schweizer Ebene einen Vergleich mit der Umgestaltung der Wohnsiedlung Heuried in Wiedikon, Zürich, und sicher auch mit den europäischen Projekten der Architekten Lacaton und Vassal erlauben.

living rooms, providing a generous extra outdoor space. The opportunity this presents benefits the project, not only in contributing an intermediate space for residents to make their own, but also at the scale of the block, as well as the views towards the lake and Alpine landscape.

In terms of language, the striking formal horizontal alternation between parapet walls and voids both softens and adds verve to the building through the introduction of a simple geometric rule for pleating. At every fourth bay, the angle of the balcony and the sandblasted precast concrete parapet shifts slightly; the resulting pleat is staggered by one frame per floor, in a nod to the juxtapositions of modernity. The method of construction used here is also thought-provoking. The comfort of residents, who remained in place throughout the building works, dictated that existing balconies would not be cut off at the new outer envelope. Instead, they would simply be lengthened. Attention was given even to the beams supporting the balconies, which are offset from one floor to the next. The result is that prefabricated concrete columns must be inclined obliquely in plan, and perpendicular to the façade, lending a tenuous sense of movement to the whole.

The Ochettes project has therefore been attentive to the potential of the existing 1974 building, discerning in the design of generous intermediate spaces and intelligent in its interpretation of the site. It demonstrates that adding and combining the existing and the new produces high-quality architecture, as well as facilitating a dialogue across Switzerland with projects such as the Wohnsiedlung Heuried in Wiedikon, Zurich, and of course with the European projects of the architects Lacaton and Vassal.

WERKVERZEICHNIS

2003	1	Einfamilienhaus am Rebberg, Cully
		Renovierung ABC Opticiens, Lausanne
		Umbau und Renovierung Maison de la poste, Lutry
		Umbau und Renovierung Foyer de Lully
2004		Wettbewerb Alters- und Pflegeheim Bois Gentil, Lausanne (3. Preis)
		Umbau kommunale Kindertagesstätte Lavaux, Cully
2005	2	Erweiterung und Umbau Foyer Founex
		Zweistufiger internationaler Wettbewerb Maison de la Paix, Genf (1. Preis)
		Studienauftrag Wohnungsbauten Victor-Ruffy, Lausanne (2. Preis)
		Studienauftrag Gymnasium, Yverdon (2. Preis)
2006		Umbau und Renovierung Landhaus, La Chaux
2007		Rekonstruktion nach Brand und Umbau Café de la Tour, Lutry
		Wettbewerb Grundschulzentrum, Marly
		Wohnanlage, Chavannes-près-Renens
		Wohnanlage, Prilly
2008		Einfamilienhaus, Chemin du Levant, Lausanne
		Einfamilienhaus, Blonay
		Studienauftrag Place Publique, Prangins
		Renovierung und Umbau Ilôt St Pierre, Lausanne
2009		Wohnanlage La Violette, Lausanne (1. Bauabschnitt)
	3	Studienauftrag urbanes Ensemble La Sallaz, Lausanne (1. Preis)
2010	4	Wohnungsbau, Grandvaux
2011		Umbau Kulturcafé La Datcha, Lausanne
2012	5	Verwaltungssitz FJF, Ecublens
		Wohnanlage La Violette, Lausanne (2. Bauabschnitt)
	6	Wohnungsbau, Grandvaux
2013		Umbau und Aufstockung Wohngebäude, Chavannes-près-Renens
2014	7	Wohnungsbau, Sauges 18, Lausanne
	8	Wettbewerb «Les Garages», Le Flon, Lausanne
		Foyer Beauregard, Yverdon
2016		Urbanes Ensemble La Sallaz: Wohn- und Geschäftsgebäude, Lausanne
		Urbanes Ensemble La Sallaz: Wohnungen, Bibliothek, Krippe und Parking, Lausanne
		Wettbewerb «Aux entrepôts», SBB (3. Preis)
2017		Umbau eines Turms aus dem 13. Jahrhundert, Cully
		Wohnungsbau, Attalens
	9	Einfamilienhaus, Vuadens
2019	10	Wettbewerb Cité Universitaire, Genf (3. Preis)
		Einfamilienhaus mit zwei Wohneinheiten, Prilly
		Wohnanlage La Violette, Lausanne (3. Bauabschnitt)
		Laufende Projekte
	11	Bau eines urbanen Ensembles, Plaines-du-Loup, Pièce Urbaine E, Lausanne (Wettbewerb, 1. Preis)
		Errichtung von zwei Wohnungsbauten, Jardin du Château, Crissier (Studienauftrag, 1. Preis)
		Umbau und Renovierung von zwei Wohnungsbauten, Lausanne
		Umbau und Renovierung eines Wohnturms, La Sallaz, Lausanne

1

3

4

6

7

10

2

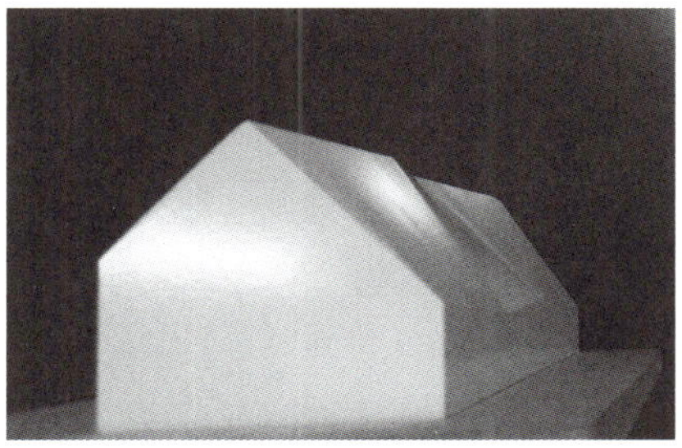

5

8

9

11

LIST OF WORKS

Year	No.	Work
2003	1	Single-family vineyard home, Cully
		Renovation, ABC Opticiens, Lausanne
		Conversion and renovation, Maison de la Poste, Lutry
		Conversion and renovation, Foyer de Lully
2004		Competition, residential and nursing home Bois Gentil, Lausanne (3rd Prize)
		Conversion, Lavaux Intermunicipal Daycare Centre, Cully
2005	2	Extension and conversion, Foyer Founex
		International two-stage architectural competition, Maison de la Paix, Geneva (1st Prize)
		Parallel design commission, residential buildings, Victor-Ruffy, Lausanne (2nd Prize)
		Parallel design commission, gymnasium, Yverdon (2nd Prize)
2006		Conversion and renovation, rural residence, La Chaux
2007		Reconstruction and conversion after fire damage, Café de la Tour, Lutry
		Competition, primary school centre, Marly
		Housing estate, Chavannes-près-Renens
		Housing estate, Prilly
2008		Single-family home, Chemin du Levant, Lausanne
		Private residence, Blonay
		Parallel design commission, public square, Prangins
		Renovation and conversion, Ilôt St Pierre, Lausanne
2009		La Violette housing estate, Lausanne (1st stage)
	3	Parallel design commission, La Sallaz urban complex, Lausanne (1st Prize)
2010	4	Residential building, Grandvaux
2011		La Datcha cultural café transformation, Lausanne
2012	5	Administrative headquarters, FJF, Ecublens
		La Violette housing estate, Lausanne (2nd stage)
	6	Residential building, Grandvaux
2013		Apartment building transformation, Chavannes-près-Renens
2014	7	Residential building, Sauges 18, Lausanne
	8	"Les Garages" competition, Le Flon, Lausanne
		Foyer Beauregard, Yverdon
2016		La Sallaz urban ensemble: residential and commercial building, Lausanne
		La Sallaz urban ensemble: apartments, library, crèche and parking, Lausanne
		"Aux Entrepôts" architectural competition, Swiss Federal Railways (3rd Prize)
2017		Conversion of a 13th-century tower, Cully
		Residential building, Attalens
	9	Private residence, Vuadens
2019	10	Competition, Cité Universitaire de Genève (3rd Place)
		Semi-detached house, Prilly
		La Violette housing estate, Lausanne (3rd stage)
		In progress
	11	Urban complex, Plaines-du-Loup, Pièce Urbaine E, Lausanne (1st Prize)
		Two residential buildings, Jardin du Château, Crissier (parallel design commission, 1st Prize)
		Conversion and renovation of two residential buildings, Lausanne
		Conversion and renovation of a residential tower block, La Sallaz, Lausanne

SYLVIE PFAEHLER

1969	geboren in Genf
1996	Diplom in Architektur an der Eidgenössischen Technischen Hochschule Lausanne (EPFL)
1997–2000	Architektin bei Devanthèry & Lamunière, Genf
2003	Gründung von L-architectes
2010	Mitglied beim Bund Schweizer Architekten (BSA)
2011–2012	Gastprofessorin an der Eidgenössischen Technischen Hochschule Lausanne (EPFL)
2016–2018	Gastprofessorin an der Architekturakademie in Mendrisio

JEANNE DELLA CASA

1965	geboren in Lausanne
1991	Diplom in Architektur an der Eidgenössischen Technischen Hochschule Lausanne (EPFL)
1995–2003	Gründung des Atelier de la Maison mit Francesco Della Casa
2003	Gründung L-architectes
2010	Mitglied beim Bund Schweizer Architekten (BSA)
2011–2012	Gastprofessorin an der Eidgenössischen Technischen Hochschule Lausanne (EPFL)
2016–2018	Gastprofessorin an der Architekturakademie in Mendrisio
2013–2019	Co-Präsidentin des BSA Sektion Romandie mit Alexandre Blanc, später mit Sarah Nedir

MICHAEL PERRET

1985	geboren in Moutier
2005	Diplom als Bauzeichner
2008	Fachhochschuldiplom
2009–	Architekt bei L-architectes
2013	Mitglied REG
2016	Gesellschafter von L-architectes

LUCILE FONTA-RAK

1988	geboren in Clermont-Ferrand F
2012	Diplom in Architektur an der ENSAPVS Paris
2012–	Architektin bei L-architectes
2020	Gesellschafterin von L-architectes

EHEMALIGE GESELLSCHAFTERIN:

Tanya Zein, Gesellschafterin von L-architectes seit der Bürogründung bis 2009

TEAM (SEIT 2003):

Antoine Béguin, Guillaume Lesage, Mathilde Mahoudeau, Marion Fonjallaz, Achille Grosvernier, Tiphanie Morier-Genoud, Deniz Leblebici, Amélia Baldi, Marie Buffat, Julie Lerfald, Constanta Lupu, Xenia Venemann, Sarah Messmer, Sophie Wobmann, Loïc Peitrequin, Anne-Lise Fontaine, Marc Vertesi, Lucien Epifanie, Juliette Jancu, Lewis Williamsson, Dafni Retzepi, Marina Capelli, Sara Teodori, Louise Husi, Léonard Andersen, Jennifer Creutzburg, Rui Dos Santos, Olivia Buttler, Delphine Meylan, Zoé Laubeuf, Odile Keller, Céline Erismann, Sabrina Ruckstuhl, Beatriz Pérez, Arthur Dumont de Chassart, Alessandro Speroni, Isis Girod, Caroline Gutzwiller, Luca Rodriguez, Meriton Demukaj, Olga Kirikova, Olivier Genetelli, Chloé Andregg, Jérémy Trieu, Augustin Mercier, Thaddée Lucan, David Vigo, Catherine Seiler, Sébastien Di Vora, Irène Santis, Christelle Brot, Etienne Piergiovanni, Fanny Terrin, David Barbier, Dimitri Van de Sijpe, Frank Petitpierre, Khue Tran, Nicolas Willemet, Andrea Astolfi, Daniel Schulze-Wethmar, Audrey Contesse, Lauro Foletti, Jelena Deblovic, Giovanna Garbani-Nerini, Katja Pellini, Valentin Kunik, Francis Jacquier, Sara Garnero, Denny Cunzo, Philippe Borel, Wei-Yi Fang, Eliane Leuzinger, Carole Major, Mannick Eigenheer, Kathrin Sindelar, Mohamed Mekki-Berrada, Sandra Pena, Nicolas Sciboz, Catarina Bota Vasques Leal, Lene Heller, Olga Kirikova, Julie Imholz, Mario Semenzato, Noélie Sénéclauze, Isabel Martin, Claire-Dominique Induni, Cloé Anderegg, José Dos Santos, Miriam Schuster, Alexandre Wagnières, Julie Biermann

CAROLINE DIONNE (TEXTBEITRAG)

Caroline Dionne unterrichtet Designgeschichte und -theorie an der Parsons School of Design, The New School, New York. Sie hat an der Universität McGill eine Dissertation in Architekturgeschichte und -theorie absolviert (PhD Arch. 2005). Ihre Forschungen beschäftigen sich mit kollektiven Designpraktiken und hinterfragen die Sprachprozesse, die im partizipativen Kontext der zeitgenössischen Stadt freigesetzt werden.

FRANZ GRAF (TEXTBEITRAG)

Franz Graf hat sein Architekturstudium an der Eidgenössischen Technischen Hochschule Lausanne (EPFL) absolviert. Heute ist er Assistenzprofessor an der EPFL, wo er seit 2007 das Labor TSAM (Techniques et Sauvegarde de l'Architecture Moderne) leitet. Ausserdem ist er seit 2005 Lehrstuhlinhaber für Technologie an der Architekturakademie in Mendrisio. Seine Forschungen beschäftigen sich mit modernen und zeitgenössischen Konstruktionssystemen und deren Schutz.

SOLINE NIVET (TEXTBEITRAG)

Soline Nivet ist Architektin und hat ein Doktorat in Architektur. Die Dozentin und Forschungslehrstuhlinhaberin an der ENSA Paris Malaquais ist auch Referentin an der Sciences Po in Paris.
Sie ist Autorin von mehreren Publikationen, Ausstellungen und zahlreichen Artikeln und beschäftigt sich mit den Produktionsbedingungen der zeitgenössischen Architektur.

SYLVIE PFAEHLER

1969	Born in Geneva
1996	Diploma in Architecture, École polytechnique fédérale de Lausanne (EPFL)
1997–2000	Architect, Devanthèry & Lamunière, Geneva
2003	Founding of L-architectes
2010	Member of the Federation of Swiss Architects (FSA)
2011–2012	Visiting Professor at the EPFL
2016–2018	Visiting Professor at the Academia di Architettura di Mendrisio

JEANNE DELLA CASA

1965	Born in Lausanne
1991	Diploma in Architecture, EPFL
1995–2003	Establishment of the Atelier de la Maison with Francesco Della Casa
2003	Founding of L-architectes
2010	Member of the FSA
2011–2012	Visiting Professor at the EPFL
2016–2018	Visiting Professor at the Academia di Architettura di Mendrisio
2013–2019	Co-President of the FSA (Romandie region) with Alexandre Blanc, followed by Sarah Nedir

MICHAEL PERRET

1985	Born in Moutier
2005	Diploma in Architectural Draughting
2008	Diploma, Swiss University of Applied Science (Haute Ecole Spécialisée)
2009	Architect, L-architectes
2013	Member, Foundation of Swiss Registers (REG)
2016	Partner, L-architectes

LUCILE FONTA-RAK

1988	Born in Clermont-Ferrand (France)
2012	Diploma in Architecture, ENSAPVS Paris
2012–	Architect, L-architectes
2020	Partner, L-architectes

FORMER PARTNER:

Tanya Zein, partner at L-architectes from 2003 to 2009

TEAM (SINCE 2003):

Antoine Béguin, Guillaume Lesage, Mathilde Mahoudeau, Marion Fonjallaz, Achille Grosvernier, Tiphanie Morier-Genoud, Deniz Leblebici, Amélia Baldi, Marie Buffat, Julie Lerfald, Constanta Lupu, Xenia Venemann, Sarah Messmer, Sophie Wobmann, Loïc Peitrequin, Anne-Lise Fontaine, Marc Vertesi, Lucien Epifanie, Juliette Jancu, Lewis Williamsson, Dafni Retzepi, Marina Capelli, Sara Teodori, Louise Husi, Léonard Andersen, Jennifer Creutzburg, Rui Dos Santos, Olivia Buttler, Delphine Meylan, Zoé Laubeuf, Odile Keller, Céline Erismann, Sabrina Ruckstuhl, Beatriz Pérez, Arthur Dumont de Chassart, Alessandro Speroni, Isis Girod, Caroline Gutzwiller, Luca Rodriguez, Meriton Demukaj, Olga Kirikova, Olivier Genetelli, Chloé Andregg, Jérémy Trieu, Augustin Mercier, Thaddée Lucan, David Vigo, Catherine Seiler, Sébastien Di Vora, Irène Santis, Christelle Brot, Etienne Piergiovanni, Fanny Terrin, David Barbier, Dimitri Van de Sijpe, Frank Petitpierre, Khue Tran, Nicolas Willemet, Andrea Astolfi, Daniel Schulze-Wethmar, Audrey Contesse, Lauro Foletti, Jelena Deblovic, Giovanna Garbani-Nerini, Katja Pellini, Valentin Kunik, Francis Jacquier, Sara Garnero, Denny Cunzo, Philippe Borel, Wei-Yi Fang, Eliane Leuzinger, Carole Maor, Mannick Eigenheer, Kathrin Sindelar, Mohamed Mekki-Berrada, Sandra Pena, Nicolas Sciboz, Catarina Bota Vasques Leal, Lene Heller, Olga Kirikova, Julie Imholz, Mario Semenzato, Noél e Sénéclauze, Isabel Martin, Claire-Dominique Induni, Cloé Anderegg, José Dos Santos, Miriam Schuster, Alexandre Wagnières, Julie Biermann

CAROLINE DIONNE (ARTICLE)

Caroline Dionne is Assistant Professor in the History and Theory of Design Practice at Parsons School of Design, The New School, New York. She holds a PhD in History and Theory of Architecture from McGill University (PhD Arch. 2005). Her research investigates collective design practices, everyday processes of placemaking, and the language operations involved in the participatory contexts of contemporary urban production.

FRANZ GRAF (ARTICLE)

A graduate in Architecture from the École Polytechnique Fédérale de Lausanne, Franz Graf is an Associate Professor at the EPFL, where he has headed the Laboratory of Modern Architecture Techniques and Preservation since 2007, and a Full Professor of technology at the Accademia di architettura di Mendrisio since 2005. His research aims to increase scholarship on modern and contemporary building systems and their preservation.

SOLINE NIVET (ARTICLE)

Soline Nivet is an architect with a PhD in Architecture. A lecturer and Full Professor at ENSA Paris Malaquais, she also teaches at Sciences Po Paris. Nivet is the author of several books, exhibition catalogues and numerous articles, with a focus on the conditions of production of contemporary architecture.

LEHRE

2000–2003	Assistenzprofessur bei Inès Lamunière, EPFL, Sylvie Pfaehler
2004	Carte blanche für L-architectes zusammen mit Pierre-Yves Borgeaud, Videofilmer, Einladung der Société Suisse des Ingénieurs et des Architectes (SIA) Sektion Fribourg, Fri-art, Freiburg
2005	Arbeitspräsentation, Einladung der Société Suisse des Ingénieurs et des Architectes (SIA) Sektion Genf, Genf
2005–2006	Gastassistenzprofessur bei Dominique Salathé, EPFL, Jeanne Della Casa
2008	Informeller Vortragszyklus Nr. 1, Arid und Alain Wolf laden ein: L-architectes
2009	Informeller Vortragszyklus Nr. 2 und 3, L-architectes laden ein: MPH Barcelona, Arid und Alain Wolf
	Leben im Park, runder Tisch, EPFL
	Vortrag und Ausstellung «Carte blanche», Forum d'architecture de Lausanne
2010	Werkstattgespräch mit Prof. Patrick Berger «Conditions d'architecture», Einladung zusammen mit Patrick Bouchain (Paris), fabric.ch (Lausanne), Buchner & Bründler (Basel), Pool (Zürich), EPFL
	Ausstellung «Une chambre a soi», f'ar forum d'architecture, Lausanne
2011–2012	Reihe von Kursen zu Umbau und Renovierung von Bauwerken durch L-architectes, Einladung von Prof. Graf, Workshop 4. Jahr Masterstudium, EPFL
	Gastprofessoren an der Eidgenössischen Technischen Hochschule Lausanne (EPFL), Workshop zum Thema Wohnungswesen und Stadt, 2. Jahr Bachelorstudium, EPFL
2012	Archizoom Vortrag von L-architectes «Histoires urbaines», EPFL
2011–2013	Vortragsreihe im Kulturcafé La Datcha; zur Präsentation ihrer Arbeiten waren eingeladen: Patrick Bouchain, Dominique Perrault, Dominique Salathé, Olaf Hunger, Simon Lacroix, Francis Jacquier, Bruno Corthésy, Charles-Henry Tachon, Soline Nivet, Pascal Widmer, Francesco Della Casa, Didier Challand und Joel Tettamanti.
2016	Vortrag «Incidences», Einladung zur Vortragsreihe der École d'architecture ENSAB, Rennes, Frankreich
2017	Bewerbung für den Weltkongress der Architekten UIA 2023, zusammen mit dem Bund Schweizer Architekten (BSA/FAS), Seoul, 2017
2015–2018	Reihe von Kursen zum Wohnungswesen, Einladung von Prof. Emmanuel Rey, Workshop 2. Jahr Bachelorstudium, EPFL
2016–2018	Gastprofessoren an der Academia Di Architettura Di Mendrisio, Masterworkshop, Università Della Svizzera Italiana
2018	Publikation «La Buvette d'Evian», zusammen mit dem Bund Schweizer Architekten (BSA/FAS)
2018–2019	Gastkritikerin, Atelier ALICE, erstes Studienjahr EPFL, Evian
2019	LAC 2020, gemeinsame Gründung einer Biennale am Genfer See, zusammen mit dem Bund Schweizer Architekten (BSA/FAS)

BIBLIOGRAFIE

2002	Stéphanie Bender, Sylvie Pfaehler: Coquilles. Un point de vue féminin dans l'art contemporain?. In: Faces, Nr. 51.
2004	Bruno Marchand: Un peu plus qu'un immeuble. In: Faces, Nr. 54, Genf, Frühjahr.
	Sybille Hahner: Architektur in der Romandie, L-architectes. In: tec21, Nr. 43, Zürich, Oktober.
	Soline Nivet: L-architectes, maison particulière, Cully, Suisse. In: AMC Groupe Moniteur, Nr. 147, Paris, November.
2006	Arian Mosteadi: Small House in Nature. In: LINKS, Barcelona.
	Nadja Maillard: Foyer pour enfants, Founex. In: Espaces Contemporains Puidoux, Mai–Juni.
	Emma O'Kelly: Get a chalet made. In: Wallpaper, London, Dezember–Januar.
2008	Caroline Dionne: Suburbanités, Bien vivre ensemble. In: Tracés, Nr. 07, Lausanne, April.
	Francesco Della Casa: A propos du concours d'architecture. In: Tracés, Nr. 09 Lausanne, Mai.
	Sylvain Menétrey: Femmes architectes en Suisse. In: Espaces Contemporains Puidoux, November.
2009	Soline Nivet: Réalisations. In: DA Paris, April.
2013	Luca Merlini: Manières d'assembler: considérations sur la pratique du projet. In: Tracés, Nr. 21.

TEACHING

2000–2003 Assistant to Professor Inès Lamunière, EPFL, Sylvie Pfaehler

2004 Carte blanche hosted by L-architectes with Pierre-Yves Borgeaud, videographer, invited by the SIA Fribourg, Fri-art, Fribourg

2005 Work presentation, invited by the SIA Geneva

2005–2006 Assistant to Guest Professor Dominique Salathé, EPFL, Jeanne Della Casa

2008 First informal conference series, to which Arid and Alain Wolf invited L-architects

2009 Second and third informal conference series, to which L-architectes invited MPH Barcelona, Arid and Alain Wolf
"Habiter le parc", round table discussion, EPFL
"Carte blanche" conference and exhibition, Forum d'architecture de Lausanne

2010 Colloquium and workshop, Professor Patrick Berger, "Conditions d'architecture", invited by Patrick Bouchain (Paris), fabric.ch (Lausanne), Buchner & Bründler (Basel), Pool (Zurich), EPFL
Exhibition, "Une chambre à soi", f'ar forum d'architecture, Lausanne

2011–2012 Series of taught courses on architectural conversion and renovation by L-architectes, invited by Professor Graf, studio course of 4th year of Master's degree, EPFL
Visiting lecturers at the EPFL, workshop on the theme of housing and the city, 2rd year of the Bachelor's degree, EPFL

2012 Archizoom conference, L-architectes, "Histoires urbaines", EPFL

2011–2013 Conference series at the Datcha, where the following were invited to present their work: Patrick Bouchain, Dominique Perrault, Dominique Salathé, Olaf Hunger, Simon Lacroix, Francis Jacquier, Bruno Corthésy, Charles-Henry Tachon, Soline Nivet, Pascal Widmer, Francesco Della Casa, Didier Challand and Joel Tettamanti.

2016 "Incidences" conference, as part of an invitation to participate in a conference series organised by the ENSAB School of Architecture, Rennes, France

2017 Application for UIA 2023 Congress, with the FAS, Seoul, 2017

2015–2018 Series of courses on housing at the invitation of Professor Emmanuel Rey, 2nd year bachelor's workshop, EPFL

2016–2018 Visiting Lecturer at the Accademia di Architettura di Mendrisio, Master's Studio course, Università della Svizzera italiana

2018 Publication of *La Buvette d'Evian*, with the FAS

2018–2019 Guest critic, ALICE Workshop, 1st year EPFL, Évian

2019 LAC 2020, joint production of a biennial event on Lake Geneva, with the FAS

BIBLIOGRAPHY

2002 Stéphanie Bender and Sylvie Pfaehler, "Coquilles. Un point de vue féminin dans l'art contemporain?", *Faces* no. 51, Geneva

2004 Bruno Marchand, "Un peu plus qu'un immeuble", *Faces* no. 54, Geneva
Sybille Hahner, "Arkitektur in der Romandie, L-architectes", *tec21* no. 43 October, Zurich
Soline Nivet, "L-architectes, maison particulière, Cully, Switzerland", *AMC Groupe Moniteur*, no. 147 November, Paris

2006 Arian Mosteadi, Small House in Nature, *LINKS*, Barcelona
Nadja Maillard, "Foyer pour enfants, Founex", *Espaces Contemporains Puidoux*, May–June
Emma O'Kelly, "Get a chalet made", *Wallpaper* December–January, London

2008 Caroline Dionne, "Suburbanités", "Bien vivre ensemble", *Tracés* no. 07 April, Lausanne
Francesco Della Casa, "A propos du concours d'architecture", *Tracés* no. 09 May, Lausanne
Sylvain Menétrey, "Femmes architectes en Suisse", *Espaces Contemporains Puidoux*, November

2009 Soline Nivet, "Réalisations", *DA Paris*, April

2013 Luca Merlini, "Manières d'assembler: considérations sur la pratique du projet", *Tracés* no. 21

FINANZIELLE UND IDEELLE UNTERSTÜTZUNG

Ein besonderer Dank gilt den Institutionen und Sponsorfirmen, deren finanzielle Unterstützungen wesentlich zum Entstehen dieser Buchreihe beitragen. Ihr kulturelles Engagement ermöglicht ein fruchtbares und freundschaftliches Zusammenwirken von Baukultur und Bauwirtschaft.

FINANCIAL AND CONCEPTUAL SUPPORT

Special thanks to our sponsors and institutions whose financial support has helped us so much with the production of this series of books. Their cultural commitment is a valuable contribution to fruitful and cordial collaboration between the culture and economics of architecture.

prohelvetia

Schweizerische Eidgenossenschaft
Confédération suisse
Confederazione Svizzera
Confederaziun svizra

Eidgenössisches Departement des Innern EDI
Bundesamt für Kultur BAK

canton de vaud

Ville de Lausanne

Deux points à la ligne SA,
Lausanne

LA DA TCHA

La Datcha, café culturel,
Lausanne

45TOUR

Association 45tour,
Châlons en Champagne F

Association Histoires Urbaines, Lausanne

Voisins & Voisines SA, Lausanne

L-architectes
82. Band der Reihe De aedibus
Herausgeber: Heinz Wirz, Luzern
Konzept: Heinz Wirz; L-architectes, Lausanne
Projektleitung: Quart Verlag, Linus Wirz
Textbeiträge: Caroline Dionne, New York; Franz Graf, Lausanne; Soline Nivet, Paris
Objekttexte: L-architectes
Übersetzung Französisch–Deutsch: Dr. Eva Dewes, Saarbrücken
Übersetzung Französisch–Englisch: Brett Petzer, Eindhoven
Textlektorat Englisch: Benjamin Liebelt, Berlin
Fotos: Joël Tettamanti, Lausanne S. 9, 40, 43, 64, 70; Jean-Michel Landecy, Genf S. 14, 23, 33, 39, 42, 49, 66, 67, 68, 84 (Nr. 1, 4), 89; Christophe Voisin, Ravoire S. 22, 25, 27, 30, 31, 44, 45, 46, 54, 60, 85 (Nr. 9); Milo Keller, Lausanne S. 8, 19, 21, 24, 28, 29; Yves André, Vaumarcus S. 51, 52, 53, 55, 58, 59, 61, 62, 63, 77, 79, 80, 84 (Nr. 7); Delpine Burtin, Lausanne S. 26; Hannes Henz, Zürich S. 35, 36, 37; Frank Petitpierre, Lausanne S. 71, 72; Di'Alba Photographie, Lausanne S. 75; Philipp Schaerer, Zürich S. 81; Fred Hatt, Lausanne S. 85 (Nr. 2); xy-ar, Lausanne S. 84 (Nr. 3); Nightnurse, Zürich S. 84 (Nr. 10), 85 (Nr. 11); L-architectes S. 76, 85 (Nr. 5), 86
Redesign: BKVK, Basel – Beat Keusch, Angelina Köpplin-Stützle
Grafische Umsetzung: Quart Verlag
Lithos: Printeria, Luzern
Druck: Printer Trento S.R.L., Trento I

ISBN 978-3-03761-112-8

Ebenfalls publiziert in Deutsch/Französisch: ISBN 978-3-03761-219-4

L-architectes
Volume 82 of the series De aedibus
Edited by: Heinz Wirz, Lucerne
Concept: Heinz Wirz; L-architectes, Lausanne
Project management: Quart Verlag, Linus Wirz
Articles by: Caroline Dionne, New York; Franz Graf, Lausanne; Soline Nivet, Paris
Project descriptions: L-architectes
French–German translation: Dr. Eva Dewes, Saarbrücken
French–English translation: Brett Petzer, Eindhoven
English text editing: Benjamin Liebelt, Berlin
Photos: Joël Tettamanti, Lausanne p. 9, 40, 43, 64, 70; Jean-Michel Landecy, Geneva p. 14, 23, 33, 39, 42, 49, 66–68, 84 (no. 1, 4), 89; Christophe Voisin, Ravoire p. 22, 25, 27, 30, 31, 44–46, 54, 60, 85 (no. 9); Milo Keller, Lausanne p. 8, 19, 21, 24, 28, 29; Yves André, Vaumarcus p. 51–53, 55, 58, 59, 61–63, 77, 79, 80, 84 (no. 7); Delpine Burtin, Lausanne p. 26; Hannes Henz, Zurich p. 35–37; Frank Petitpierre, Lausanne p. 71, 72; Di'Alba Photographie, Lausanne p. 75; Philipp Schaerer, Zurich p. 81; Fred Hatt, Lausanne p. 85 (no. 2); xy-ar, Lausanne p. 84 (no. 3); Nightnurse, Zurich p. 84 (no. 10), 85 (no. 11); L-architectes p. 76, 85 (no. 5), 86
Redesign: BKVK, Basel – Beat Keusch, Angelina Köpplin-Stützle
Graphical layout: Quart Verlag
Lithos: Printeria, Lucerne
Printing: Printer Trento S.R.L., Trento I

ISBN 978-3-03761-112-8

Also published in German/French: ISBN 978-3-03761-219-4

Quart Verlag GmbH
Denkmalstrasse 2, CH-6006 Luzern
books@quart.ch, www.quart.ch

De aedibus
Zeitgenössische Architekten und ihre Bauten

De aedibus
Contemporary architects and their buildings

82 L-architectes (de/en und de/fr)
81 Frei Rezakhanlou (de/en)
80 weberbrunner (de/en)
79 Meyer Piattini (de/en)
78 meier + associés architectes (de/en und de/fr)
77 Lin Robbe Seiler (de/en und de/fr)
76 Meier Leder (de/en)
75 Butikofer de Oliveira Vernay (de/en)
74 Elisabeth & Martin Boesch (de/en)
73 spaceshop Architekten (de/en)
72 Kast Kaeppeli (de/en)
71 Philippe Meyer (de/en, fr)
70 bartbuchhofer (de/en)
69 Hauenstein La Roche Schedler (de/en)
68 Graeme Mann & Patricia Capua Mann (de/en)
67 Esposito Javet (de/en und de/fr)
66 Galletti Matter (de/en und de/fr)
65 Fruehauf, Henry & Viladoms (de/en)
64 Jakob Steib (de/en)
63 bunq (de/en)
62 Jean-Paul Jaccaud (de/en und de/fr)
61 huggenbergerfries (de/en)
60 Berrel Berrel Kräutler (de/en)
59 Pierre-Alain Dupraz (de/en und de/fr)
58 Cometti Truffer (de/en)
57 Joos & Mathys (de/en)
56 Lacroix Chessex (de/en)
55 Savioz Fabrizzi (de/en und de/fr)
54 Boegli Kramp (de/en)
53 Zita Cotti (de/en)
52 Oestreich + Schmid (de/en)
51 Stump & Schibli Architekten (de/en)
50 Luca Gazzaniga (de/en)
49 Guignard & Saner (de/en)
48 Morger + Dettli (de/en)
47 Charles Pictet (de/en)
46 Armando Ruinelli + Partner (de/en/it)
45 Luca Selva Architekten (de/en)
44 Luca Deon (de/en)
43 2b (de/en)
42 Durisch + Nolli (de/en)
41 sabarchitekten (de/en)
40 Beat Rothen (de/en)
39 Atelier Bonnet (de/en)
38 Novaron (de/en)
37 Althammer Hochuli (de/en)
36 Schneider & Schneider (de/en)
35 Frei & Ehrensperger (de und en)
34 Liechti Graf Zumsteg (de/en)
33 Adrian Streich (de/en)
32 Daniele Marques (de/en)
31 Neff Neumann (de/en)
30 Giraudi Wettstein (de/en)
29 Steinmann & Schmid (de/en)
28 Matthias Ackermann (de/en)
27 Aeby & Perneger (de/en)
26 Bakker & Blanc (de/en)
25 Markus Wespi Jérôme de Meuron (de/en)
24 Bauart (de/en und de/fr)
23 Knapkiewicz & Fickert (de/en)
22 Marcel Ferrier (de/en)
21 Wild Bär Architekten (de/en)
20 Enzmann + Fischer (de/en)
19 Mierta und Kurt Lazzarini (de/en)
18 Rolf Mühlethaler (de/en)
17 Pablo Horváth (de/en)
16 Brauen + Wälchli (de/en)
15 E2A Eckert Eckert Architekten (de/en)
14 Lussi + Halter (de/en)
13 Philipp Brühwiler (de/en)
12 Scheitlin – Syfrig + Partner (de/en)
11 Vittorio Magnago Lampugnani (de/en)
10 Bonnard Woeffray (de/en und de/fr)
9 Graber Pulver (de/en)
8 Burkhalter Sumi / Makiol Wiederkehr (de/en)
7 Gigon/Guyer (de und en)
6 Andrea Bassi (de, fr und en)
5 Dieter Jüngling und Andreas Hagmann (de und en)
4 Beat Consoni (de und en)
3 Max Bosshard & Christoph Luchsinger (de)
2 Miroslav Šik (de, en und it)
1 Valentin Bearth & Andrea Deplazes (de, en und it)

books@quart.ch, www.quart.ch